FELIX ERMACORA

SÜDTIROL

DIE VERHINDERTE SELBSTBESTIMMUNG

FELIX ERMACORA

SÜDTIROL

DIE VERHINDERTE SELBSTBESTIMMUNG

Amalthea

Bildnachweis

Bildarchiv Athesia, Bozen: 4–6, 27
Bildarchiv »Präsent«, Innsbruck: 15, 16
Landesbildstelle Innsbruck: 1–3, 6
Max Scherrer, Innsbruck: 24
Privat: 7, 9–14, 17–23, 26, 28

Umschlag und Herstellung:
VerlagsService Dr. Helmut Neuberger
& Karl Schaumann GmbH, Heimstetten
Satz: Fotosatz Völkl, Puchheim
Gesetzt aus der 10/12 Punkt Times
Druck und Bindung: Wiener Verlag, Himberg
Printed in Austria 1991
ISBN 3-85002-309-5

Inhalt

Vorwort

Der Tiroler Historiker *Franz Huter* hat im Jahre 1965 den Sammelband »Südtirol – Eine Frage des europäischen Gewissens« herausgegeben. Der Titel hat Schlagzeilen gemacht. Heute ist nicht mehr Südtirol eine Frage des europäischen Gewissens, sondern die Achtung des Selbstbestimmungsrechtes. Selbstbestimmung ist seit 1989, dem Zusammenbruch der kommunistischen Regime in Osteuropa, zu einem politischen Fanal geworden. Alle geknechteten Völkerschaften wurden von diesem Fanal erfaßt. Das Fanal Selbstbestimmung erweckte auch die Völkerschaften der Sowjetunion. Sie sind nach dem Zusammenbruch des Putsches der »Stalinisten« gegen die Demokratiereform in der Sowjetunion im August 1991 anerkannte Träger des Selbstbestimmungsrechtes geworden und dürfen es sichtbar ausüben.

Die vorliegende Schrift befaßt sich mit Südtirol. Sie betrifft europäisches Gedankengut: Selbstbestimmung für Südtirol in einer Epoche europäischer Geschichtlichkeit, in der Selbstbestimmung zum politischen Grundsatz wurde. Es ist eine andere Selbstbestimmung als jene, für die *W. Wilson* im Jahre 1918 Pate gestanden hatte. Jene war nicht universell, sie betraf nicht die damaligen Siegermächte. Heute ist Selbstbestimmung universell. Sie betrifft alle Staaten, vor allem künstliche Staatengebilde, die nach 1918 errichtet worden sind, wie die Tschechoslowakei, wie Jugoslawien, oder Territorien mit staatsfremder Bevölkerung, oder sie gilt Völkern, die nicht in demokratischen

Staatswesen leben. Obwohl manche Bedingungen für einen »guten Selbstbestimmungsfall« in Südtirol erfüllt zu sein scheinen, greift die Selbstbestimmungsidee in Südtirol nicht oder nicht mehr. Jedenfalls hat die europäische Lunte in Südtirol noch nicht gezündet. Statt dessen begnügt sich das Volk in Südtirol mit einer Autonomie, die allerorten als europäisches Modell bezeichnet wird. Sie ist in Wahrheit ein Kompromiß der Kompromisse zwischen staatlichen und internationalen Interessen. Das Volk von Südtirol und die Frage Südtirol sind kein Unruheherd in Europa. Von einem »bedrohten Volkstum«, das in den zwanziger und dreißiger Jahren sowie zwischen 1946 und 1964 Südtiroler Schicksal war, ist kaum mehr die Rede. Die Südtirolpolitik findet ausschließlich in Staats- und Parteikanzleien, in Parlamenten statt – in Rom, Wien, Innsbruck, im Südtiroler Landtag, in den Gemeindestuben. Südtirolpolitik ist Demokratiepolitik geworden. Einen Volkstumskampf scheint es nicht mehr zu geben. Landeshauptmann *L. Durnwalder* – der Nachfolger S. Magnagos im Landeshauptmannamt – erklärt: »Täglicher Volkstumskampf ist vorbei« (14.11.1990).

70 Jahre nach der Annexion Südtirols durch Italien, 70 Jahre nach dem Waffenstillstand des Ersten Weltkrieges, der in der Villa des Senators Giusti de Giardino abgeschlossen wurde, durch den Italien die ganze Macht des Siegers über ein zusammenbrechendes Reich und Heer mit allen Künsten perfekter Siegerdiplomatie ausgespielt hatte, ist von dem kummervollen Ende österreichischer Herrschaft über Süd- und Welschtirol (Trentino) nichts mehr zu spüren. Die Namen General Viktor Weber, Edler von Webenau, Generalleutnant Armando Diaz und Pietro Badolgio sind Erinnerung. Veteranen treffen sich, vereint in Brüderlichkeit, an den Gedenkstätten; die Symbole der Opfer des Krieges werden nicht angetastet; Land und Leute sind

in eine moderne Informations- und Touristengesellschaft integriert; die Baustrukturen passen sich dem Druck moderner Zweckmäßigkeiten an. Die Kirche versöhnt die Volksgruppen. Dabei geht sie so weit, daß bei wichtigen Anlässen kirchliche Botschaften gar zweisprachig verlesen werden. Niemand hat daran Anstoß genommen, daß bei der Trauerfeier für Bischof Joseph *Gargitter* am 19. Juli 1991 im Dom zu Bozen die einzige namhafte deutschsprachige Tageszeitung des Landes keine Bemerkung machte, daß das geistliche Vermächtnis des Altbischofs zur Hälfte in deutscher, zur anderen Hälfte in italienischer Sprache verlesen wurde! Diese Zeitung zieht die Träger der Staatsmacht – Heer und Karabinieri – so sehr in ihre Volksberichterstattung mit ein, daß man den Eindruck hat, es sei wirklich des Landes Heer und Polizei, denen aus Anlaß von Gründungstagen, militärischen Abschieden, italienischen Staatsfeiertagen gehörig Anerkennung zu zollen ist. Südtirol ist ein Land in Europa geworden, dem man als Tourist oder Besucher nicht anmerken würde, daß dieser »Garten Gottes« vor nicht allzu langer Zeit europäisches Symbol für ein geknechtetes Volk gewesen ist.

Insofern scheint Südtirol ein guter europäischer Lehrfall zu sein, ein Studienfall dafür, wie rasch das Grundrecht eines Volkes auf Selbstbestimmung – ein Naturrecht, das einzige Naturrecht eines Volkes, das es sogar geschrieben gibt – aus dem Bewußtsein der Menschen verschwinden kann.

Das Buch mit dem Untertitel »Die verhinderte Selbstbestimmung« erscheint zu einem Zeitpunkt, in dem ein Südtiroler Abgeordneter zur Römer Deputiertenkammer von seiner Parteiführung (SVP) »Selbstbestimmung jetzt oder nie« fordert. Eine Stimme in der Wüste, inmitten europäischer Ereignisse von weltpolitischer Tragweite, auf der Grundlage des Selbstbestimmungsrechtes der Völker. Ein Sturm im Wasserglas, da der stürmische Ruf in Südtirol, in

Italien, in Österreich und in Deutschland das Volk nicht erreicht. Denn man hat seit Jahrzehnten die Selbstbestimmung für Südtirol als eine Frage europäischen Gewissens öffentlich verdrängt. Das sichtbarer zu machen, ist die Zielsetzung des Buches.

Ich habe mich mit der Südtirolfrage in einigen Schriften befaßt: in meinem umfassenden Werk »Südtirol und das Vaterland Österreich« (1984), wo ich versuchte, die Gesamtproblematik Südtirols wissenschaftlich mit all dem einschlägigen Schrifttum aufzubreiten; in dem Buch »Geheimbericht der Südtiroler Delegation zur Pariser Konferenz 1946« (1986) habe ich den bisher unveröffentlichten Bericht von politischen Delegierten der Südtiroler Volkspartei, die die österreichische Delegation 1946 nach Paris begleitet hatten, erstmals der Öffentlichkeit vorgelegt. Das ist nicht gerne gesehen worden. Der Bericht macht in seiner Gesamtheit manches verständlicher, was beim ersten Hinsehen unverständlich bleibt – nämlich wie rasch die Südtiroler Delegierten auf die Selbstbestimmungsforderung ihres Volkes verzichtet haben! Schließlich habe ich in meiner Schrift »Der unbewältigte Friede – St. Germain und die Folgen« (1989) Südtirol als eines der Erbstücke dieses Friedens bezeichnet. Jugoslawien, ein anderes Erbstück, schien im Jahre 1988/89 noch so stabil, daß man es als unverrückbares Erbe dieses Friedens hätte ansehen können; das war damals aber eine Fehleinschätzung! Ich bilde mir ein, daß ich durch diese Schriften und durch meine Tätigkeit als Politiker (von 1971 bis 1990) und als Berater von Regierungen in der Südtirolfrage (seit 1958) genug Erkenntnisse gesammelt habe, die mich berechtigen, in einer Zeit, wo man danach trachtet, die Südtirolfrage durch eine Streitbeendigungserklärung ihres kritischen Charakters zu entkleiden, die eigentliche Kernfrage zu stellen, die sich jedes Volk zu stellen hat: Wie steht es mit dem Recht auf Selbstbestimmung? Auf diese Frage will ich hier Antwort geben und sie in einen gesamteuropäischen Zusammenhang stellen. Dann wird man das Anliegen um Südtirol besser verstehen und auch begreifen können, warum ein Volk das Selbstbestimmungsrecht zwar auf dem Papier nicht verlieren kann, aber die Selbstbestimmung doch nicht besitzt. Denn die Selbstbestimmung, um die es geht, ist in einem demokratischen Europa nicht die Entscheidung über die Staatsform, sondern über die Zugehörigkeit oder Nichtzugehörigkeit eines Territoriums zu einem Staat.

Was die technische Ausgestaltung der Schrift angeht, so habe ich auf einen wissenschaftlichen Anmerkungsapparat verzichtet. In einem kurzen Literaturbericht führe ich den interessierten Leser auf wichtige Schriften hin, die für die Vertiefung des einen oder anderen Gedankens wegweisend sein mögen. Auf Vollständigkeit dieses Schrifttums und eine Auseinandersetzung mit ihm lege ich dabei nicht Wert, um die Linie der Gedanken- und Beweisführung für meine These der verhinderten Selbstbestimmung für Südtirol nicht zu verwischen. Dank gebührt all den Beobachtern, die ihre Eindrücke über Südtirol in Skizzen, Leserbriefen u. ä. alltäglich festhalten. Anerkennung jenen, die in wissenschaftlicher Arbeitsweise einzelne Grundprobleme der Rechtslage Südtirols untersuchen und vertiefen. Auf einzelne wichtige literarische Aussagen wird im Text der Schrift selbst eingegangen.

Meine Anmerkungen zu Südtirol stehen diesmal unter einem besonderen europäischen Vorzeichen, das für die Völker Europas Schicksalsfrage ist: Selbstbestimmung als europäisches Ordnungsprinzip, Selbstbestimmung der Völker (nicht der Staaten!) als eine Frage des europäischen Gewissens!

Wien/Innsbruck, im August 1991 *Felix Ermacora*

1
Südtirol – ein guter europäischer Lehrfall

Frankreichs Parlament hat als erstes der nationalen Parlamente der EG in der Nacht vom 3. auf den 4. Juni 1991 das *Übereinkommen zu Schengen* vom 14. Juni 1985 genehmigt. Es wurde von Frankreich, der Bundesrepublik Deutschland, Belgien, den Niederlanden und Luxemburg abgeschlossen; Italien ist dem Abkommen beigetreten. Der zuständige französische Minister (Frau *Guigon*) erklärte anläßlich der Parlamentsdebatte, daß Schengen eine Etappe in der Realisation der politischen Union Europas darstelle: Die Grenzkontrolle zwischen sechs europäischen Staaten wird zu Beginn 1993 aufgehoben werden, der Personenverkehr wird dort frei sein. Österreich und die Schweiz werden daher im Moment europäische Außengrenzen sein. Sie ragen – sieht man dies auf einer Landkarte bildhaft – wie ein Wurmfortsatz des Ostens Europas tief in die Zone dieser europäischen Freizügigkeit hinein. Alle politischen Anstrengungen werden unternommen, um der europäischen Einheit näher zu kommen. Die Völker der europäischen Staaten haben im Jahre 1989/1990 von der Straße her und friedlich so wie die längst alt gewordene »Jugend Europas« im Jahre 1945/46 die Politik der europäischen Einigung bewegt. Heute ist sie wiederum in die Staatskanzleien zurückgefallen. Es wird neuen Anstoß geben müssen, um Europa in Bewegung zu halten. Der fast einhellig gefaßte Beschluß der französischen Parlamentarier über die Freiheit des Personenverkehrs wird die Zoll- und Grenzbürokratie der betroffenen Länder vielleicht entbehrlich machen, aber er erreicht weder die Grenze am Brenner gegenüber Italien noch die bei Kufstein gegenüber Deutschland. Österreich ist Außengrenze. Wäre im europäischen Einigungsprozeß der Rest nur Südtirol, so könnte man sagen, daß man auch mit diesem lästig gewordenen und für die Diplomatie störenden Problem irgendwie fertig werden könne. Aber so ist es nicht. Südtirol ist nicht ein Restproblem im europäischen Einigungsprozeß, es ist auf dem Weg europäischer Einigung eine der Barrieren, die es abzubauen gälte: Nordirland in einem unlösbar scheinenden Konflikt der religiösen und sozialen Gruppen, Frankreich, wo die Elmsfeuer ethnischer Selbstbehauptung flackern, wobei das mit Autonomie zu befriedigende Korsika nur eine der ethnischen Fragen ist; Zypern, in dem das Zusammenleben der türkischen Volksgruppe, die sich ihre eigene Konstitution gibt, ohne daß diese von der Welt anerkannt wäre, mit dem griechischen Volk ein Problem ist. Der drohende Zerfall jugoslawischer Staatlichkeit, wo die im Jahre 1919 künstlich, entlang der Nationen gezogene Grenzen wie Nähte reißen. In Rumänien, wo Ungarn und Deutsche sich aus dem Nationalisierungsstrudel nicht befreien können. In Polen und in der Tschechoslowakei, wo die in die Nischen gedrängten Restdeutschen effektiven Minderheitenschutz begehren, wo das Nationalitätenbewußtsein der Ungarn in der Slowakei Volksgruppenrechte verlangt. In der UdSSR, in der ganze Völkerschaften unter Berufung auf das Selbstbestimmungsrecht der Völker der Zentralgewalt in Moskau, die noch immer stalinistischen Leitlinien folgte, entrinnen wollen und deren Schicksal auch nach dem Scheitern des stalinistischen Staatsstreichs noch unbestimmt ist. All das sind Barrieren auf dem Weg zur europäischen Einigung.

Es ist nicht nur die Wiedervereinigung Deutschlands, die Europas Grenzen verändert hat, es ist auch der Südosten Europas, wo die Grenzen reißen. Dies in Jugoslawien.

Dieses Staatsgebilde ist ein Produkt des Friedensvertrages von St. Germain von 1919. Jugoslawien hat sich im Wege der Selbstbestimmung gebildet. Es hat Teile der früheren österreichisch-ungarischen Monarchie (Slowenien und Kroatien) zum Königreich SHS (Serbien/Kroatien/Slowenien) vereint. Slawische Politikerpersönlichkeiten (*Pasič, Trumbič, Vesnič und Zolger*) hatten diese Vereinigung betrieben und verhandelt. Die Nordgrenzen des Gebildes gegenüber Deutschösterreich und Rumänien waren strittig. In Kärnten gab es nach langem Ringen Selbstbestimmung, nicht in der Südsteiermark und auch nicht gegenüber Rumänien. Hier herrschte das Diktat der Siegermächte. Im Jahre 1929 wurde das Gebilde zum Königreich Jugoslawien, das im Jahre 1941 durch Hitler zerschlagen worden ist. Im Jahre 1943 war es Tito, der mit Hilfe Stalins und gegen Churchill Jugoslawien zum Bundesstaat kommunistischer Prägung formte. Mit der Welle von Glasnost und Perestrojka haben die jugoslawischen Völkerschaften, sich auf die Selbstbestimmung berufend und auf die Einleitung der Verfassung verweisend, ihr vermeintliches Recht auf Sezession angesprochen. Das kroatische und slowenische Volk haben von diesem Recht durch Volksabstimmung zunächst ungehindert Gebrauch gemacht. Nun bringen sie Opfer an Leib, Leben und Gütern für diese Selbstbestimmung. Über ihre Wirkung, die jedenfalls Staatsgrenzen betrifft, kann noch kein endgültiges Urteil gesprochen werden. Daß die opfervolle Ausübung der Selbstbestimmung der Slowenen und Kroaten nicht Modell für die »Selbstbestimmung für Südtirol heute« ist, liegt auf der Hand. Denn niemand rührt sich, alles schweigt und ist stille. Die offizielle Politik zieht keine Parallele.
Alle diese Probleme werden von dem oben genannten Abkommen zu Schengen nur wie in einem Tunnel unterfahren. Jenseits des Tunnels bleiben die Dinge völlig unverändert bestehen.

Ja, es könnten Grenzen weniger fühlbar werden – aber doch nur für die mobilen Touristen, vielleicht für die Transporter. Aber die Einheimischen mit ihrer Muttersprache, ihrer eigenen Kultur, ihren sonstigen Charakteristika stehen wie eh und je unter den Autoritäten von an sich als fremd empfundenen Herrschaften und einer sich wandelnden Gesellschaft. In ihr wird das Nebeneinander der Menschen mehr geschätzt als das Miteinander. Diese Verhältnisse sind die Barrieren, die sich auf dem Weg zu einem einigen Europa aufrichten. Von den Zentralen her gesehen – von Wien und Rom, Bukarest und Belgrad, Prag, Warschau, Bonn und Brüssel, Paris und London – werden sie vielleicht in Akten registriert, aber schon weniger empfunden, sodaß ihr Abbau vielleicht als eine diplomatische Fleißaufgabe, aber nicht als eine Existenzfrage der Betroffenen erkannt wird.

Und Südtirols Schicksal in Europa steht als Beispiel für ähnlich gelagerte Fälle in anderen Regionen Europas. Es ist ein Lehrbeispiel für Politik auf dem Rücken von Völkern, die nie von ihrer in allgemeinen Wendungen verheißenen Selbstbestimmung Gebrauch machen konnten: in Nordirland, auf Zypern, in Jugoslawien, in Rumänien, in der Tschechoslowakei und in Polen. Südtirol ist, gemessen an der Zahl seiner Bevölkerung und dem Ausmaß des Landes, ein kleiner Fall. Aber doch ein Fall, in dem die großen Diktatoren der europäischen Neuzeit ihre Hände im Spiel hatten:

Adolf Hitler, der mit dem Bevölkerungstransfer der Südtiroler im Jahre 1939 nicht nur die Achsentreue bekräftigte, sondern auch *Beneschs* Transfervorstellungen bezüglich der Sudetendeutschen, die in der berüchtigten Vertreibung der Jahre 1945–47 ausarteten, Anregungen gegeben haben mochte,

Stalin, der durch seinen Außenminister *Molotow* im Jahre 1946/47 in Paris kein Befürworter der südtirolischen Auto-

nomie war; sie hätte der sowjetischen politischen Grundkonzeption widersprochen.
Mehr geben die Archive noch nicht her. Und die (westlichen) Großmächte haben die Selbstbestimmung für Südtirol 1916, 1919, 1946/47, 1960/61, damals als eine echte menschenrechtliche Lösung für ein unterdrücktes Volk, den Südtirolern nicht gewährt. Südtirol ist ein Opfer der Großmachtpolitik geworden, für die die kleinen Völker die Bauern auf dem Schachbrett der Großmachtpolitik sind.

Südtirol ist ein »guter Fall« - ein *Lehrfall* – im Für und Wider europäischer Einigung. Ein *Lehrfall* für all das, was einem *Volke nicht angetan werden* darf. Aus menschenrechtlichen Gründen und nicht aus nationalistischem Gefühl, für das man rasch kritisiert wird, wenn man auf diesen Lehrfall aufmerksam macht: keine Gebietsabtretung ohne freie Selbstbestimmung, keine Aussiedlung angestammter Bevölkerung gegen ihren erklärten Willen oder unter falscher Verheißung; keine zwangsweise Änderung der Bevölkerungsstruktur, kein Volkstod durch Unterwanderung und Wohlstand, keine Mißachtung der angestammten Muttersprache im Privaten und im Öffentlichen!
Südtirol ist ein Lehrfall dafür, welche Verheerungen europäischer Nationalismus, seit dem 19. Jahrhundert kultiviert, unter Völkern anrichten kann. Vor allem, wenn er in seinen Speerspitzen die Giftpfeile des Imperialismus auf die Landkarten gelegt hat. Südtirol teilte mit den österreichischen Sudetendeutschen im Jahre 1919 die Lehre: Weder Selbstbestimmung noch wahre Achtung als nationale Minderheit! In beiden Fällen führte die Politik schließlich zum Bevölkerungstransfer, zu einer Mißachtung fremder Kultur, zum Volkstod durch Austreibung oder Unterwanderung. Dieser konnte in Südtirol gebremst werden. Er geht auch in Gleichgültigkeit der Massen unter. Daß der Nationalismus seine Zeichen nach wie vor

setzt, ist in der Tschechoslowakei trotz der revolutionären Poesie der humanistischen Gedanken ihres Präsidenten klar sichtbar. Man ist nicht bereit, die Vertreibungs- und Konfiskationsmaßnahmen zu revidieren. In Südtirol wiederum kann sich auch ein demokratisches Italien von den Symbolen faschistischer Macht nicht trennen. Ich erinnere mich, daß es in Innsbruck über einen aus Stein gehauenen Reichsadler ohne Hakenkreuz erhebliche Aufregung gegeben hat, bis er entfernt wurde. In Italien will man das Bozener Siegesdenkmal, ein Forum faschistischer und neofaschistischer Aufmärsche mit Inschriften nationalistischer Arroganz, renovieren. In Straßburg hat man an der Wilhelminischen Universität die in Stein gehauene Aufschrift »Literis et Patriae« im Jahre 1968 übertüncht – welch' Welt, in der wir leben! Dieses Siegesdenkmal ist ebenso Merkmal nationalistischer Relikte wie die Brennergrenze. Natürlich, auch die Forderung, die Brennergrenze zu beseitigen, birgt nationalistisches Denken. So stünde man vor der wenig europäischen Geist atmenden Frage, welche Forderung des Nationalistischen mehr wert sei.

Südtirol ist ferner auch *ein Lehrfall* dafür, daß es Wege geben kann, Volksgruppenkonflikte zu entschärfen. »Bedrohtes Volkstum« ist nicht mehr gefragt, weil die Frage nicht mehr Ausdruck jenes Fiebers sein kann, das die Österreicher und Deutschen nach 1919 schüttelte. Daher tritt die Problematik des »bedrohten Volkstums« in die Nischen der gegenwärtigen Geschichte, wenn sich der Mensch wegen seines Volkstums nicht mehr an Leben und Freiheit bedroht fühlt. Das Gefühl für die Menschenrechte steigt, wenn das Unrecht überhand nimmt. Das Gefühl für bedrohtes Volkstum wächst, wenn das Individuum von der Gemeinschaft dieses Volkstums Schutz und Wohl erwartet. So sind die in Südtirol entwickelten autonomistischen Strukturen, die die Sudetendeutschen von 1919 bis 1938 nie erreicht hatten, wie ein Fangnetz, das

das Äußerste zu verhindern vermag. An diesem Netz mögen Völkerrechtler und Politiker zappeln und die Fachleute ihre Energien verschwenden, um die Lücken in diesem Netz zu knüpfen. Aber die autonomen Strukturen haben ihren Wert.

Südtirol scheint schließlich auch *ein Lehrfall* dafür zu sein, wie ein von seinem Mutterland getrenntes Land in regionaler Kooperation mit diesem Mutterland die Lebensbelange der Menschen, die mit ihm durch einheitliche Charakteristika, durch historische Tradition, durch Natur und Kultur geformte Region vertreten kann. All das sind Brükken der Verständigung. Man könnte sie zwischen Deutschland und Polen, zwischen Deutschland und der Tschechoslowakei, zwischen Österreich und der Tschechoslowakei, zwischen Ungarn und Rumänien, zwischen Österreich und Kroatien und Slowenien bauen.

Der Lehrfall Südtirol eröffnet die Einsicht, daß regionale Strukturen die Grundlage für neue Staatenverbindungen bilden, sofern die Auswüchse des Nationalismus allüberall absterben.

Also *Südtirol* ist ein *»guter Lehrfall«* in all diesen Belangen des Prozesses europäischer Einigung. Aber es gilt eine Mahnung anzusprechen, wenn man sich auf diesen Fall berufen wollte, was in Sonntagsreden immer wieder geschieht. Der Fall Südtirol ist nicht auf dem Reißbrett konstruiert. Er ist leidvoll genug gewachsen. Ihn heute als ein europäisches Modell anzupreisen, ist dann verfehlt, wenn man die Strukturen dieses Falles, wenn man vor allem Land und Leute, die Südtirol zum Modell machen könnten, nicht kennt.

Eines scheint mir sicher: Der europäische Einigungsprozeß kann ohne die Ordnung aller südtirolähnlichen Fälle, die im Osten, Süden und Westen Europas heute nur Schwierigkeiten bringen, nicht gelingen. Diese würden in dem Moment Wogen auslösen, in dem die Völker selbst ihr Schicksal in die Hand nehmen. EG-Vermittlung wird fehlschlagen, weil sie Eigeninteresse und Kurzsichtigkeit erkennen läßt.

2
Selbstbestimmungsrecht für Südtirol – ein vergebliches Bemühen

Im Jahre 1931 hat *Mussolini* unter fadenscheinigen Vorwänden Abessinien besetzt und dann annektiert. Die Welt hat durch ihren damaligen Völkerbund Italien der Aggression, des Bruchs des Völkerrechts angeklagt und am 18. November 1931 Sanktionen gegen Italien verhängt. Hitler-Deutschland hat sich um diesen Bannspruch nicht gekümmert. Hitler hat im Sinne seiner politischen Konzeption vielmehr den Grundstein für die Achse, an deren äußerstem Ende das annektierte Abessinien lag und die in der Mitte von seiner Südtirolpolitik gestützt war, gelegt. *Hitler* in einer Adresse an *Mussolini* am 7.5.1938: »Es ist mein unerschütterlicher Wille und mein Vermächtnis an das deutsche Volk, daß es deshalb die von der Natur zwischen uns beiden aufgerichtete Alpengrenze für immer als eine unantastbare ansieht.« Daß Italien seine imperiale Größe einschließlich des annektierten Abessinien längst verloren hat, ist nicht dem Völkerrecht zu verdanken, sondern der politischen Macht, die die imperiale Politik des Deutschen Reiches und Italiens nach einem verheerenden Weltkrieg beendete.
Im August 1990 hat der irakische Diktator *Hussein* über Nacht seinen kleinen Nachbarn, das kuwaitische Emirat, besetzt und ohne Federlesens annektiert. Kuwait ist als 19. Provinz des Irak dem machtgierigen Staat einverleibt worden. Auch in diesem Falle hat die Welt durch ihre Vereinten Nationen den Irak der Aggression angeklagt. Der Sicherheitsrat der Vereinten Nationen hat über den Irak Sanktio-

nen verhängt. Ihre wahre Wirksamkeit blieb in Schwebe. Die Machtlosigkeit der Weltorganisation wurde am Falle Iraks durch eine vereinte Großmacht- und Großraumpolitik kompensiert. Irgendwie fassungslos stand man der gegen jedes Völkerrecht, aber auch gegen jeden völkermoralischen Anspruch ausgeübten Machtpolitik gegenüber.
Aber ganz von ungefähr kam diese Annexion nicht, wenn man in der Geschichte zurückblickt. Natürlich lebt Irak nicht aus sechs Jahrtausenden seiner Geschichte, besser der Geschichte seines Territoriums. Aber Saddam Hussein ist ein Träger arabischen Nationalismus, den er aus Takrit, einer kleinen Stadt am Euphrat, als Organisator der Baáth-Partei in die große arabische Welt mitgebracht hat. Und dieser gründet auch auf historischen Wurzeln dieses Landes. Einen Irak im neustaatlichen Begriff gibt es erst seit der Zerschlagung des Osmanischen Reiches am Ende des Ersten Weltkrieges, wo Staatsgrenzen am Schreibtisch gezogen wurden. Bagdad, Basra, Mossul waren die drei Provinzen, die Großbritannien durch seinen Verhandler *Sir Percy Cox* im Jahre 1922 durch einen Bleistiftstrich zum Irak machte und wo die Grenze zwischen dem Irak und Saudi-Arabien gezogen worden ist. *Cox* schuf auch neutrale Zonen und ordnete die kuwaitisch-irakische Grenze. Diesen durch Bleistiftstriche der Großmächte gezogenen Grenzen, in die der arabische Irak, der persische Irak und der kurdische Irak fallen, wobei die kurdische Bevölkerung dem Völkermord konzertierter Kräfte am meisten ausgesetzt ist, scheint Hussein den Garaus machen zu wollen. Saddam Hussein will, Hitler nicht unähnlich, die Schichten irakischer Tradition – den Glanz des altertümlichen Irak, die panarabische Vision und die islamische Tradition – zusammenführen. Die Okkupation Kuwaits im Sommer 1990 war ein erster Schritt panarabischen Aufbruchs. Grenzen, die die Siegermachtpolitik nach dem Ersten Weltkrieg gezogen hat, sollten in Kuwait beseitigt werden.

Gromyko, der seinerzeitige sowjetische Außenminister und Verwalter des Erbes des Zweiten Weltkrieges, sagte zu Kreisky, als ihn dieser in New York in Sachen Südtirol vor einem Mittagessen ansprach: »Wir wollen keine Grenzänderungen in Europa.« Er meinte damit, daß sich Österreich nicht etwa vorwagen solle, die Brennergrenze in Frage stellen zu wollen. Das war im Jahre 1960. Im Jahre 1975 ist in die *Helsinki-Deklaration* – die Magna Charta europäischer Nachkriegspolitik – ein Passus aufgenommen worden, nach dem zwar an den durch den Zweiten Weltkrieg gezogenen Grenzen festgehalten werden soll, aber eine Änderung der Grenzen auf friedlichem Wege möglich ist! Dieser Passus ist auf Verlangen der bundesdeutschen Delegation in die Helsinki-Charta aufgenommen worden. Ich bin überzeugt, daß in der unter Breschnew stehenden Politik Europas niemand daran gedacht hat, daß 14 Jahre nach der Unterzeichnung dieser Deklaration – im Jahre 1989 – an den Grenzen europäischer Staaten gerüttelt werden könnte. Was haben die Menschen Europas seit dem Sommer 1989 nicht alles erlebt! Abgesehen vom Auseinanderbrechen kommunistischer Regime Europas, das Aufbegehren von unter Moskau stehenden sowjetischen Völkerschaften, das Ende des Satellitenstaates DDR und die Beseitigung aller Texte, die die Unabänderlichkeit des Bestandes der DDR und damit der »innerdeutschen« Grenze bestätigt hatten, also *Grenzänderungen in Mitteleuropa*; Forderungen, daß auch die willkürliche Grenze, die zwischen Ungarn und Rumänien gezogen ist, beseitigt werde. Nun, im Sommer 1990, die kaltblütige Beseitigung einer Grenze im nahen Osten, die am Ende des Ersten Weltkrieges gezogen wurde, mit Bleistift auf einer Landkarte, durch Striche von *Sir Percy Cox*, ohne auch nur mit einem Worte nach dem Willen der Völkerschaften zu fragen! Heute die Mißachtung des Volkswillens in Slowenien und Kroatien, die

die im Jahre 1919 gezogenen Grenzen verändert wissen wollen!
Stellt sich da der Patriot nicht die Frage, was mit Südtirol ist? Was mit seiner Grenze ist, die nicht minder mit Bleistift auf Karten gezeichnet wurde, nicht minder ohne Achtung des zunächst verkündeten Selbstbestimmungsrechtes verfügt wurde und die, würde sie heute in ebensolcher Weise gezogen werden, ganz klar dem verbrieften Selbstbestimmungsrecht der Völker – einem »jus cogens«, d. i. einem zwingenden Recht –, das der Theorie nach alle Verträge, die dagegen verstoßen, nichtig macht, widerspricht.
Was würde die Welt sagen, wenn Österreich unter Berufung auf das an ihm begangene Unrecht im Jahre 1919 und 1947 unter Berufung auf die Rechtsverwahrungen, die es 1919, 1945 und 1946 abgegeben hat, sein ach so bescheidenes Bundesheer in Marsch setzen würde und, so wie *Saddam Hussein* aus Kuwait eine 19. Provinz des Irak machte, *Südtirol* besetzen und aus ihm ein *zehntes Bundesland* machen würde?
Trotz der im Grunde willkürlich und unter Völkerrechtsbruch – nämlich entgegen den erklärten Waffenstillstandsbedingungen – gezogenen Brennergrenze sind solche Gedanken nicht einmal Träumereien, sondern Hirngespinste, aber nicht so sehr, weil das Südtiroler Volk so wie das Volk von Estland, Litauen, Lettland, Armenien und Georgien, Transylvanien und Banat, Slowenien und Kroatien nicht das Recht auf Selbstbestimmung hätte, sondern weil einfach die Fakten gegen eine solche Art der Ausübung des Selbstbestimmungsrechtes stehen. Gewiß, die Lehre von der Heiligkeit der Verträge sichert die Brennergrenze zugunsten Italiens, der Friedensvertrag von St. Germain 1919, der Staatsvertrag von 1955 und zahlreiche entsprechende Erklärungen bestätigen dies, aber es stehen andere Fakten diesem Willen zur Selbstbestimmung Südtirols entgegen.

Dazu gehört die in den oberen Etagen der europäischen Politik gepflogene europäische Einigungsbewegung, die die Kästchen – Mitgliedstaaten der EG und des Europarates – unverändert wissen will; dann tritt das Schlagwort auf den Plan, der EG-Beitritt Österreichs sei gefährdet, wenn Österreich Anstalten mache, eine Selbstbestimmungsbewegung in Südtirol zu unterstützen. Allen aufmerksamen Beobachtern der politischen Bühne sind diese Schlagworte bekannt, und sie haben natürlich manches für sich, wenn es keine Emotionen gibt, die sich diesen Schlagworten, die am Schreibtisch und nicht im Herzen geboren sind, entgegenstellen. Daß die europäische Staatenwelt das kleine Österreich nach jeder Richtung hin unter Druck setzen würde, seine Selbstbestimmungsaspirationen für Südtirol aufzugeben, das liegt auf der Hand. Die Haltung der EG, der UdSSR und der USA gegenüber der Selbstbestimmung Sloweniens und Kroatiens ist ein Modellfall! Man spürt, was Druck bedeutet, wenn man die tirolische Transitproblematik beachtet. Da wird die europäische Schlüsselstellung Tirols als Paßland und Drehscheibe Mitteleuropas von Nord nach Süd und umgekehrt ganz sichtbar. Und dazu noch einen »Unruheherd Südtirol« schaffen? Eine stärkere Öffnung der Grenzen zwischen Nord- und Südtirol, ein wahrhaft freier Reiseverkehr müßte eine Irredenta wachsen lassen – so wird argumentiert. Italien mit seinen »schwarzen Listen« ist heute schon besorgt! Besorgt, ohne Wirkung sogenannter schwarzer Listen mißliebige Patrioten nicht über die Brennergrenze lassen zu sollen. Eine EG-Kooperation Österreichs mit Italien unter dem Druck einer über das Rhetorische hinausgehenden Selbstbestimmungsbewegung für Südtirol müßte diese geradezu zunichte machen.

Niemand hat aber davon gesprochen, daß eine Neuordnung Europas, wie sie spätestens mit der Einbindung der früheren kommunistischen Staaten erfolgt sein könnte,

auch das *Überdenken mancher Grenzziehungen* wird notwendig machen müssen. Jedenfalls müßte ein Konzept geschaffen werden, das in durch Geschichte und Politik sensibel gewordenen Grenzbereichen Gegengewichte gegen willkürliche Grenzziehungen und gegen willkürliche Bevölkerungsverschiebungen schafft.
Das also sind Reflexionen, die einem so in den Sinn kommen, wenn man die europäische Selbstbestimmungsbewegungen der Jahre 1989/91 bedenkt, die zum Sturz der kommunistischen Regime geführt haben. Sie haben zu bedeutenden Grenzänderungen in Europa nach 1945 geführt. Alles Ereignisse, die unter der Fahne »Selbstbestimmung« stattgefunden haben. *Gromyko* und *Kirchschläger*, der Alt-Bundespräsident Österreichs, werden durch die Fakten ebenso widerlegt wie deren Mitläufer und Mitdenker und all die Polit-Pragmatiker. Dennoch, die Frage der Selbstbestimmung für Südtirol ist mit Stillschweigen und Beschwichtigung quittiert worden. Man hat weder von den österreichischen Politikern, aber auch nicht von den maßgebenden Südtiroler Parteipolitikern, geschweige denn von den italienischen Politikern ein klärendes Wort gehört. Das Recht, die Gründe und Ursachen für diese offenbar verspielte Selbstbestimmung sind kennenzulernen.

Die *Selbstbestimmung* hat sich von einer politischen Idee, die in Österreich vom Staatsmann *Karl Renner* im Jahre 1902 und 1917 in die Diskussion geworfen wurde (1902 schien sie so brisant gewesen zu sein, daß Renner unter dem Pseudonym »Springer« seine Gedanken an die Öffentlichkeit übergeben hatte) und im Jahre 1918 von *W. Wilson* weltweit (als Kriegsziel?) proklamiert worden ist, zum politischen Ordnungsprinzip und dann zum zwingenden Recht für alle Völker entwickelt. Das *Selbstbestimmungsrecht* ist heute das einzige unbestreitbare Recht von

Völkern und kein Recht der Staaten. Es kann, muß aber nicht mit dem Recht der Staaten auf Souveränität in Konflikt treten. Es tritt aber dann mit der Staatssouveränität in Konflikt, wenn die Staaten keine Vorkehrungen treffen, damit Selbstbestimmung ausgeübt werden kann; wenn Völker das Recht in Anspruch nehmen, die Staaten dieses aber nicht gewähren. Selbstbestimmungsrecht ist unverzichtbar. Kein Staat, keine Staatengemeinschaft kann es einem Volke nehmen; Staaten können es allerdings unterdrücken. Sie haben dann die Folgen zu tragen.

Die UNO hat *Modelle für das Selbstbestimmungsrecht* entwickelt. Diese sind festgeschrieben. Es gehören zu diesen Modellen die Bildung eines eigenen Staates, der Zusammenschluß eines Staates mit einem anderen Staat, die Bestimmung über das politische System, unter dem Völker leben wollen, die Entscheidung über die Verfügung der Naturschätze des Landes, in dem ein Volk lebt. Zum modernen Selbstbestimmungsrecht gehört auch die Wiedervereinigung geteilter Staaten und Völker (siehe Korea, Vietnam und Deutschland). Man spricht vom internen und externen Selbstbestimmungsrecht. Das eine schließt das andere nicht aus. In Südtirol ist externes Selbstbestimmungsrecht gefragt.

Auch Volksgruppen und Minderheiten sind *Träger des Selbstbestimmungsrechtes,* wenn sie sich als Volk identifizieren können. Das Selbstbestimmungsrecht wird als unverzichtbar angesehen. Es gilt in Theorie und Praxis als »jus cogens«, d. i. als zwingendes Recht; Verträge, die die Selbstbestimmung verletzen, werden nichtig. Vom Selbstbestimmungsrecht ist die *Ausübung dieses Rechtes* zu unterscheiden. Nur die Ausübung bringt das Recht voll zum Tragen. Selten ist ein Recht so papieren geblieben wie das Selbstbestimmungsrecht, weil seine Ausübung in kritischer Lage schwieriger ist, als sich zu ihm zu bekennen. Für die Ausübung des Selbstbestimmungsrechtes und ihren Erfolg bedarf es eines *»guten Selbstbestimmungsfalles«*: Die betroffenen Völker müssen es wollen; die betroffenen Staaten sollen es garantieren; die Staatenwelt soll es, wenn möglich, anerkennen; das Resultat einer Selbstbestimmung muß sich in die regionale Umgebung einfügen können; Gebiete aufgrund des Selbstbestimmungsrechtes sollen lebensfähig sein können.

Die *Südtiroler*, zu denen auch die Ladiner zählen, sind zum Volk geworden. Sie *haben das Selbstbestimmungsrecht.* Sie haben es aber seit 1919 nie ausüben können. Auch freie Wahlen als Ausübung internen Selbstbestimmungsrechtes waren in Italien immer fragwürdig, weil es nie eine Alternative gab oder weil die Südtiroler nie zu einer Alternative aufgerufen waren oder sich aufgerufen haben. Daher ist der Satz des unvergessenen Tiroler Patrioten *Eduard Wallnöfer*, daß über das Selbstbestimmungsrecht der Südtiroler noch nicht entschieden ist, auch heute – 1991 – nach wie vor gültig. Italien hat nichts dazu beigetragen, daß Südtiroler das Selbstbestimmungsrecht friedlich ausüben können, und die Südtiroler haben, anders als die Kärntner, die Litauer, die Esten, die Kroaten und Slowenen, die Letten, nie den Mut gefunden, für sich – intern – ihre Selbstbestimmungswünsche mit einem Stimmzettel zu äußern oder gar zu erkämpfen. Österreich hat sie auch nie dazu ermutigt.

In der Lage, in der sich nationale Minderheiten befinden, ist die Durchsetzung der Ausübung des Selbstbestimmungsrechtes aus einer Reihe von Gründen schwierig. Auch wenn Südtirol vom Standpunkt höherer Gerechtigkeit ein guter Selbstbestimmungsfall wäre und dies auch ist, so müssen die Gründe ermittelt und geprüft werden, warum das Selbstbestimmungsmodell in Südtirol nie gegriffen hat und auch heute trotz einer massiven Selbstbestimmungsbewegung in Europa noch immer nicht zu greifen scheint. Wenn ich allerorts als Wissenschaftler und nicht als Politiker apostrophiert werde, so halte ich den Politikern und Pragmatikern, den Diplomaten und bürokratischen Regenten den Spiegel vors Gesicht.

Die *Gründe, warum das Schlagwort »Selbstbestimmung für Südtirol heute« nicht greift,* können wie folgt zusammengefaßt werden:

1. Weil die Gewalt der Mächtigen nicht bereit ist, die Selbstbestimmung für Südtirol und die Ausübung dieser Selbstbestimmung anzuerkennen.
2. Weil die österreichische Außenpolitik in der 1. und 2. Republik, als die Selbstbestimmungsversuche gescheitert waren, nie um die Selbstbestimmung für Südtirol als nationales Ziel österreichischer Politik so ernsthaft gerungen hat wie etwa die Schwarzen Südafrikas um die Unabhängigkeit vom Apartheidsystem oder die Palästinenser um die Volksrechte in Palästina.
3. Weil die politischen Parteien in Österreich und in Südtirol – nach ersten Rückschlägen – die Selbstbestimmungsforderung nie kontinuierlich und mit Energie als Selbstbestimmungspolitik verfolgt haben und weil die Südtiroler Parteipolitik die Selbstbestimmungsforderung für ihr Land nie so zu ihrem Anliegen gemacht hat, daß sie mit dieser Forderung politisch und auch menschlich gestanden oder gefallen wäre, von zählbaren Ausnahmen abgesehen. Die Opfer der Jahre 1916 bis 1964, die an Leib, Leben, Gut und Vermögen tatsächlich gebracht wurden, können kein politisches Ruhekissen sein, und den Opfern heute Gerechtigkeit zuteil werden zu lassen, wie *Dr. S. Magnago* dies am 7.8.1991 getan hat, ist achtenswert und notwendig, zählt aber für die »Selbstbestimmung heute« nicht! Ihr Vermächtnis ist, sich für die Selbstbestimmung einzusetzen.
4. Weil die öffentliche Meinung in Österreich und in Italien aus dem Selbstbestimmungsrecht der Südtiroler nie einen guten Selbstbestimmungsfall gemacht hat.

5. Weil weder das österreichische noch das südtirolische (ladinische) Volk die Geltendmachung der Selbstbestimmung – von kurzen Phasen der Jahre 1918/20 und 1945/47 abgesehen – kompromißlos gefordert haben. Von kurzen Phasen abgesehen, ist die Selbstbestimmung für Südtirol zu keiner Selbstbestimmungsbewegung geworden!
6. Weil verschiedene Umstände die Selbstbestimmung für Südtirol zu einem so komplexen Problem gemacht haben, das in einer Fremdenverkehrs-, einer modernen Industrie- und Informationsgesellschaft unbeweglich, obwohl für sich dynamisch, geworden ist, und man den Komplex Südtirol als solchen in Richtung Selbstbestimmung nicht vom Fleck zu rühren imstande war.
7. Weil die Frage der Selbstbestimmung heute nicht mehr eine ethnisch homogene Bevölkerung, nämlich die Deutsch-Österreicher und die ureingesessenen Ladiner, allein betrifft, sondern alle Einwohner des Gebietes, also auch die Bewohner italienischer Abstammung, und die daraus folgende Unsicherheit die Verantwortlichen mutlos macht.

Diese Elemente und Gründe der Verdrängung einer Selbstbestimmung für Südtirol müssen im einzelnen erörtert werden, um das österreichische nationale Trauerspiel verständlich zu machen. Ein Trauerspiel für Österreich, für Südtirol und für jedes Gerechtigkeitsbewußtsein.
Südtirol ist also kein guter Selbstbestimmungsfall, weil die für die Ausübung einer Selbstbestimmung unerläßlich gebotenen sachlichen und politischen Bedingungen nicht erfüllt werden. Daher hat auch die seriöse Wissenschaft Südtirol nicht zu den »guten Selbstbestimmungsfällen« gezählt. Zerbrochene Illusionen, das ist Südtirols Selbstbestimmungsschicksal.

Die Gründe im einzelnen zu erörtern könnte Bände füllen; historische, politische, staats- und völkerrechtliche Probleme, aber auch menschliche gälte es aufzuzeigen, Urteile gälte es zu fällen, Beurteilungen vorzunehmen. Je näher die Fakten der Gegenwart liegen, desto kritischer oder entmutigender müßten die Erörterungen von Fakten sein, über die schließlich die Geschichte und nicht die Geschichtsschreiber ihr Urteil fällen werden. Die Perspektive darf nicht der Verkürzung zum Opfer fallen.
Die genannten Gründe sind zum Teil eingehend untersucht worden. Die aus diesen Untersuchungen gewonnenen Erkenntnisse sind hier nicht zu wiederholen, sondern zu verdichten. Es ist ihnen Gestalt zu geben. Eine Gestalt, die aus historisch-politischen und rechtlichen Fakten, aus Meinungen, aus wissenschaftlichen Erkenntnissen und auch aus geäußerten Emotionen besteht.

Zu 1: Weil die Gewalt der Mächtigen nicht bereit ist, die Selbstbestimmung für Südtirol und die Ausübung dieser Selbstbestimmung anzuerkennen.
Die Europa beherrschenden Großmächte haben im Ersten Weltkrieg auch um Grenzen gekämpft. Eine als *Kriegsziel angesprochene Grenze* war die Gewinnung der Brennergrenze durch Italien; eine andere Grenze war die Zuschlagung von Transylvanien zu Rumänien. Beide Kriegsziele sind durch Geheimverträge der das Territorium erstrebenden Mächte mit den Alliierten der Epoche – Großbritannien, Frankreich und Rußland – vereinbart worden. Es ging um Machtgewinn und Souveränität im klassischen Verständnis des Imperialismus. Diesen Grundsätzen damaliger internationaler Beziehungen standen Ideen entgegen, die getreu dem amerikanischen demokratischen und menschenrechtlichen Erbe vom amerikanischen Professor *W. Wilson*, dem nachmaligen amerikanischen Bundespräsidenten, entwickelt wurden. Er versuchte, den Grundsatz

der Selbstbestimmung zum politischen Leitprinzip für einen gerechten Frieden in Europa zu machen. Während die Mittelmächte auf diesen Grundsatz einschwenkten – er war ihnen, vor allem Österreich als Nationalitätenstaat, nicht so fremd –, haben die Alliierten *Wilsons* Vorstellung eher als Ausdruck amerikanischen Pazifismus und nicht als einen Orientierungsgrundsatz für ihre Politik angesehen. Die Mittelmächte machten den Wilsonschen Grundsatz zur Bedingung für einen Waffenstillstand. Im Zuge des sich über Monate hinziehenden Meinungsaustausches mußte *Wilson* einerseits Wasser in seinen Wein gießen, andererseits stand er recht schnell der Realpolitik der Alliierten in Europa gegenüber, die die versprochenen Landnahmen auch realisieren wollten. So auch die Brennergrenze. Um noch einen winzigen Anschein der Aufrechterhaltung der Selbstbestimmungsidee zu bewahren, wollte *Wilson* die ethnischen Grenzen der fraglichen Gebiete beachtet wissen. Daß dabei die verbündeten Italiener größeres Gewicht hatten als die besiegten Österreicher, liegt auf der Hand. Die Sprachenkarten, die Italien, vom berüchtigten *Tolomei* längst erarbeitet, den Alliierten vorlegte, ließen es den Alliierten vertretbarer erscheinen, den Sprach-Vorspiegelungen mehr Glauben zu schenken als den Fakten. Sie konnten so auch ihre Geheimvertragstreue besser wahren. Da half von österreichischer Seite kein Weh und Ach. Mit allen diplomatischen und wissenschaftlichen Mitteln führten die österreichischen Delegationen einen Kampf für die Erhaltung der deutschsprachigen Gebiete Tirols jenseits des Brenners – die österreichische Monarchie war längst bereit, Welschtirol preiszugeben. Ohne bewaffneten Widerstand ist Südtirol im Chaos des Rückzugs der 11. Armee, des Südwestheeres, zur Okkupation, zur Annexion freigegeben worden. Ohne Selbstbestimmung. Die Bevölkerung konnte für Österreich zwar optieren, aber nur als Individuen, nicht als Grundeigentümer, die mit ihrer Option auch eine Entscheidung über die staatliche Zugehörigkeit ihres Grund und Bodens hätten treffen können. Also keine Selbstbestimmung für Südtirol. In diesem Zusammenhang ist vielleicht erwähnenswert, daß *Wilson* mit seiner Friedenspolitik letztlich gescheitert ist, weil die Amerikaner aus innenpolitischen Gründen *Wilson* faktisch abgewählt hatten. Es gibt eine Untersuchung eines Freud-Schülers, *A. C. Bullit*, die das Psychogramm *Wilsons* zu ermitteln sucht. *Sigmund Freud* schrieb das nicht schmeichelhafte Vorwort. Die Untersuchung ist aufschlußreich. Um das politische Ränkespiel, das während der Friedensberatungen in Paris und St. Germain, die zum klaren Federstrich gegen das Südtiroler Volk führten, in allen Details zu verstehen, ist es lehrreich, eine amerikanische Studie aus dem Jahre 1955 zu lesen, die untendenziös alle Fakten ausgebreitet hat. Nach dem Friedensvertrag von St. Germain blieb Deutschen, Österreichern, Tirolern und allen, die die Sachlage objektiv beurteilten, nichts anderes übrig, als sich mit den Fakten abzufinden.

Wer gemeint hätte, *Adolf Hitler*, der Großdeutsche, würde Rettungsanker werden, mußte sich getäuscht sehen. Er wollte zwar die Südtiroler sozusagen als *völkisches Kraftfutter*, aber nicht ihr Land. Im Zuge der Achsenpolitik kam es zur Aussiedlung der Südtiroler, die unter Vorspiegelung von Idealismus und Patriotismus eingeleitet und zum Teil durchgeführt wurde. Ein oft herzzerreißender Abschied von der Heimat wurde für die Jugend mit den Kriegsschauplätzen Europas und für die anderen mit Landdeputaten aus den durch die Politik eroberten Gebieten abgefunden. Wie wahr dies ist, zeigt der Ausspruch *Adolf Hitlers*, der sich nach »Hitlers Tischgesprächen« zur Südtirolfrage am 2.7.1942 wie folgt vernehmen ließ: »Beim Abendessen erzählte der Chef, daß er eine Denkschrift des Gauleiters Frauenfeld über die Lösung der Südtirolfrage gelesen habe. Frauenfeld mache den Vorschlag, die Südtiroler geschlossen nach der Krim zu verbringen und dort anzusiedeln. Damit werde das alte Streitobjekt mit Italien ein für allemal begraben.

Er halte den Vorschlag für außerordentlich gut. Denn kaum irgendwo auf der Erde habe sich ein Volkstum durch die Jahrhunderte besser gehalten als auf der Krim. Sowohl die Tataren als auch die Goten seien lebendige Beispiele dafür. Er glaube auch, daß die Krim in klimatischer und landschaftlicher Hinsicht für das Südtiroler Volkstum durchaus geeignet sei. Außerdem sei sie – mit dem jetzigen Siedlungsgebiet der Südtiroler verglichen – ein Land, in dem Milch und Honig fließen.

Die Verbringung der Südtiroler nach der Krim biete weder physisch noch psychisch besondere Schwierigkeiten. Sie brauchten ja nur einen deutschen Strom, die Donau, hinunterzufahren, dann seien sie schon da.« (*Henry Picker*, Hitlers Tischgespräche, 1989, S. 406)

Mit dem *Ende der faschistischen Herrschaft in Europa* im Mai 1945 meinten Südtiroler Patrioten, daß dies auch das Ende der italienischen Herrschaft über Südtirol sein würde. Trotz der Widerwärtigkeiten, die Land und Leute nach 1945 zu erdulden hatten, ging eine beachtenswerte Welle neuen österreichischen Patriotismus durch Österreich und Südtirol. Südtirol zu Österreich wurde in den Monaten von Herbst 1945 bis Herbst 1946 allenthalben bei Aufmärschen in Österreich, im österreichischen Parlament, in Südtirol gerufen. 150000 Unterschriften warben für den Anschluß Südtirols an Österreich. Die eben wiedererstehende österreichische Außenpolitik wurde für Südtirol mobilisiert. Schon damals prägten sich Namen ein, die die Selbstbestimmungsidee für Südtirol tagtäglich trugen: der in Innsbruck an der Universität lehrende und der die damalige studentische Jugend begeisternde *Reut-Nicolussi*, der den Faschismus am eigenen Leib erlebt hatte, der liberal gesinnte Innsbrucker Zivilrechtsprofessor und Abgeordnete *Franz Gschnitzer*, der niederösterreichische Volksmann *Leopold Figl*. Das Bild der Geschichte über die Selbstbestimmungs-Leidenschaft des Innsbrucker *Karl Gruber*, der österreichischer Außenminister wurde, als der er für die Selbstbestimmung Südtirols warb, ist noch nicht eindeutig gezeichnet. Das Volk in Österreich und in Südtirol möge nicht unterschätzt werden! Von der Straße aus wurde das Selbstbestimmungsrecht für Südtirol gefordert. Das war damals in der Besatzungszeit, in den Jahren der Not und des Hungers, nicht selbstverständlich. Nur der Anschein war dieser Forderung hold: Es gab alliierte Dokumente, die Südtirol für Österreich reklamierten, *Otto von Habsburg* warb in Amerika, Flugschriften beherrschten das Land. Offensichtlich hatte man die Forderung zuwenig hoch angetragen. Ich meine, daß Diplomaten und Bürokraten im alliierten Lager und italienische Nationalisten in den USA das Ihre getan haben, um der österreichischen Selbstbestimmungsforderung rasch das Wasser abzugraben. Sehr rasch haben die Außenpolitiker ihre feierlich beschworene Zielsetzung, Selbstbestimmung für Südtirol, aufgegeben. Es ist still um die Selbstbestimmung geworden, als sich etwa im Juli 1946 herausstellte, daß die Forderung keine Aussicht auf Erfolg haben konnte. Erneut also haben die alliierten Westmächte der Selbstbestimmungsforderung den Garaus gemacht. Sie haben einer Autonomielösung zugestimmt, die durch das Pariser Abkommen vorgesehen worden ist. Der außenpolitische Ausschuß des österreichischen Parlaments hat in einer beachtenswerten Entschließung dem Gruber-Degasperi-Abkommen zwar zugestimmt, aber doch sehr klar erkennen lassen, daß es sich um eine Ersatzhandlung handle und daß der gerechte Anspruch auf Südtirol nicht aufgegeben und er bei geänderter Weltlage erneuert werden könne. Heute – und nur heute – wäre dieser Zeitpunkt gekommen. Ferdinand Willeit, der »SVP-Quer-

schläger«, forderte im September 1991 »Selbstbestimmung jetzt oder nie«. So wie die deutsche Wiedervereinigung auf Grund des freien Selbstbestimmungsrechtes in anderen Tagen und Wochen als im Jahre 1990 nicht hätte verwirklicht werden können, so hätte sie für Südtirol im Jahre 1946 konsequent gefordert werden müssen. Sie ist jedoch nicht gefordert worden. Die Selbstbestimmung bleibt eine papierene Forderung, solange sie im Lande niemand ernst nimmt. Obwohl die *Helsinki-Deklaration 1975* ausdrücklich den Passus enthält, daß im europäischen Sicherheitsprozeß auch die friedliche Änderung von Grenzen möglich ist, und obwohl die Texte der Vereinten Nationen ausdrücklich das Selbstbestimmungsrecht allen Völkern verheißen, hat man die gutgläubige Bevölkerung so falsch informiert, daß sie die Stimme nicht erheben konnte. Eine Selbstbestimmungsforderung blieb also im Höhepunkt des europäischen Einigungsprozesses, der zweifelsohne in der Wiedervereinigung des deutschen Volkes und Deutschland und der Unabhängigkeit Estlands, Lettlands und Litauens von Rußland zu sehen ist, unerhoben: weder von Österreichs Politikern dem Außenminister anempfohlen noch von ihm selbst vertreten oder von offizieller Tiroler Seite angefordert.
Ich gebe durchaus zu, daß die *Verträge, die Österreich binden* – der Staatsvertrag von 1955, vor allem das Pariser Abkommen –, der Selbstbestimmung für Südtirol nicht förderlich sind. Aber die Kunst des Politischen ist es, aus dem unmöglich Scheinenden Mögliches zu machen.
Das ist nicht geschehen. In keiner einzigen Sitzung, der ich seit 1958 teilzunehmen das Vergnügen hatte, haben österreichische Außenpolitiker Selbstbestimmung für Südtirol gefordert; in keiner Sitzung haben die prominenten Südtirolpolitiker aus Bozen den Außenminister Österreichs gedrängt, die Forderung nach Selbstbestimmung zu erheben. Wenn die Frage von Außenseitern angesprochen worden

ist, so hat man beschwichtigt. Ich weiß nicht, ob die Frage der Selbstbestimmung für Südtirol auch nur einmal Gegenstand eines vertraulichen Gesprächs zwischen den Außenpolitikern Österreichs und anderer Außenpolitiker befreundeter Staaten gewesen ist. Ich glaube nicht, weil dies – wie es in unseren Breiten üblich ist – sehr rasch bekanntgeworden wäre.
Von 1918/19 und 1945/46 abgesehen, war die Frage nach der Selbstbestimmung für Südtirol kein Gegenstand österreichischer diplomatischer oder politischer Aktivitäten. Auch die Oppositionsparteien im österreichischen Parlament haben die Regierungen nie dazu getrieben, sich zur Selbstbestimmung zu bekennen. Und wenn, dann gab es keine weiterführenden Aktionen.
Also weder Parlament noch Regierung in Österreich haben Selbstbestimmung für Südtirol zum Nahziel ihrer Politik erhoben. Dasselbe gilt übrigens auch für den Tiroler Landtag in Innsbruck, der die Idee der Selbstbestimmung, bald nachdem die Wiener Politik eindeutig abgewunken hatte, hochgehalten hätte.
Ich möchte nicht sagen, daß das Selbstbestimmungsrecht, um wirksam zu werden, erst von der Staatengemeinschaft anerkannt werden müßte. Aber es ist hilfreich, wenn es um Grenzen und Grenzverschiebungen geht, daß die Staatengemeinschaft den konkreten Selbstbestimmungsfall anerkennt und ihm ihr Placet gibt. Die Ausübung der Selbstbestimmung hängt vom konkreten Falle ab, Grenzänderungen vom Verhandlungsergebnis. Die Minderheiten genießen kein Selbstbestimmungsrecht, sagen die Gegner. Nie ist dies politisch deutlicher geworden als bei der KSZE-Expertenkonferenz, die vom 1. bis 19. Juli 1991 in Genf stattfand. Hier gab es gar einen Vorschlag Jugoslawiens, der darauf hinauslief, zu sagen, daß das Recht der Minderheiten die Selbstbestimmung nicht miteinschließt. Ungarn wandte sich gegen diese Vorstellung. Die Masse der Dele-

gationen verharrte in Schweigen. Die USA versuchte zu vermitteln. Diese Vermittlung war aber auch auf die UdSSR gemünzt, an deren Grenzen Selbstbestimmungsbewegungen Unruhe verursachten. Der amerikanische Chefdelegierte *Kampelman* gab dann im mäuschenstillen Konferenzraum eine Art Garantieerklärung ab. Sie bekräftigte den territorialen Status quo von heißen Grenzen und lautete:

»I refer to the principle of self-determination of peoples. In this brief intervention, I simply want to inject the notation for further consideration and discussion that the right of self-determination does not include within it the right of succession for minority groups within a State. They are separate issues. The framers of the concept within the Helsinki Final Act had no intention of legitimizing actions which could lead to the destabilization of Europe. Indeed, the Helsinki Final Act emphasized the stability that comes from respect of existing boundaries. There are states within the CSCE which provide in their laws for the right of secession for sub-state entities. That is for them to decide. Now tensions may arise or conditions change requiring border adjustments. These can be determined peacefully and by negotiation. There may or may not be a case to be made for the secession of a particular group from a state, but that result is not guaranteed by the right of self-determination. It can only be achieved by dialogue and negotiation and peaceful agreement.«

»Ich beziehe mich auf das Prinzip Selbstbestimmung der Völker. In dieser kurzen Stellungnahme will ich kurz zur Begriffsbestimmung für spätere Diskussionen sagen, daß das Recht auf Selbstbestimmung nicht das Sezessionsrecht von Minderheiten in einem Staate miteinschließt. Das sind zwei verschiedene Dinge. Diejenigen, die die Helsinki-Deklaration formuliert haben, hatten nicht die Absicht, Maßnahmen zu legitimieren, die auf eine Destabilisierung Eu-

ropas hinauslaufen. In der Tat, die Helsinki-Deklaration betont die Stabilität, die aus der Achtung bestehender Grenzen herrührt. Im Rahmen der KSZE gibt es Staaten, die in ihren Gesetzen das Recht auf Sezession für kleinere Gemeinschaften vorsehen. Es liegt an diesen, das zu entscheiden. Nun können daraus Spannungen erwachsen oder Bedingungen, die Grenzänderungen verlangen. Diese können nur auf friedlichem Wege und durch Verhandlungen erreicht werden. Es mag Fälle der Sezession einer spezifischen Gruppe von einem Staate geben oder es mag sie nicht geben, aber das entsprechende Ergebnis ist nicht vom Recht auf Selbstbestimmung erfaßt. Es kann nur durch das Gespräch, die Verhandlung und die friedliche Vereinbarung erreicht werden.«
Auch wenn Theoretiker zehnmal nachweisen, daß einem Minderheitenvolk Selbstbestimmung zukommt (ich gehöre zu diesen Theoretikern), so genügt dies in der Politik nicht. Die Zeit für die Verwirklichung der Selbstbestimmung in Südtirol scheint demnach nicht reif zu sein.

Zu 2: Weil die österreichische Außenpolitik in der 1. und 2. Republik, als die Selbstbestimmungsversuche gescheitert waren, nie um die Selbstbestimmung für Südtirol als nationales Ziel österreichischer Politik so ernsthaft gerungen hat wie etwa die Schwarzen Südafrikas um die Unabhängigkeit vom Apartheidsystem oder die Palästinenser um die Volksrechte in Palästina.
Wenn die Ausübung der Selbstbestimmung nicht mit Gewalt erzwungen werden kann, bedarf es für die Erreichung der Selbstbestimmung des unermüdlichen Einsatzes von Staaten, die das Interesse des die Selbstbestimmung begehrenden Volkes wahrnehmen. Natürlich ist dieses Interesse nicht fremdnützig. Vor allem dann nicht, wenn die Selbstbestimmung auf eine Änderung der Grenzen gerichtet ist oder wenn durch die Ausübung des Selbstbestim-

mungsrechtes eine Änderung von Einflußzonen erwartet werden kann. Das war zweifellos im Selbstbestimmungsfall von »Ostbengalen« (dem heutigen Bangladesh) im Jahre 1971 der Fall. Dort hat die militärische Intervention Indiens nicht zur Erweiterung von Indiens Grenzen, aber zum Ende der Herrschaft Pakistans – einem »feindlichen Bruder« Indiens – über Ostbengalen geführt. Die militärische Intervention der Türkei auf Zypern (1974) ist dem Selbstbestimmungsrecht der türkischen Zyprioten beigesprungen und hat die Einflußsphäre der Türkei im Mittelmeerraum erweitert. Österreichs Interesse an der Selbstbestimmung für Südtirol diente in den Jahren 1918/19 der Erhaltung angestammter österreichischer Gebiete. Und 1945/46 galt die Forderung »Selbstbestimmung für Südtirol« der Wiedergewinnung verlorenen Staatsgebietes.
Seit der Hinwendung Österreichs zum Italien Mussolinis in den Jahren 1932/33 ist das Selbstbestimmungsinteresse Österreichs rapide zusammengebrochen. Der Schutz der Unabhängigkeit Österreichs durch Mussolini vor Hitlers großdeutschem Expansionsdrang war für Österreich staatspolitisch so bedeutsam, daß man den wichtigen südlichen Nachbarn Österreichs, der gar eine mitteleuropäische Konföderation, wie heute die Pentagonale, gefördert hatte, nicht verärgern wollte. Schweigen zur Selbstbestimmung trotz großer Not der Bevölkerung in ihren elementaren Rechten (Muttersprache und Schulbildung)! Es gab keine Parlamentsanfragen mehr und keine parlamentarischen Debatten über Südtirol, nachdem Mussolini gegenüber dem Deutschen Reich und Österreich klar erklärt hatte, daß er sich die Einmischung in die inneren Angelegenheiten Italiens verbitte. Die Selbstbestimmung für Südtirol war für Österreichs Außenpolitik kein Thema mehr, trotz aller Beteuerungen im österreichischen Parlament wenige Jahre vorher und obwohl es genug patriotische Kräfte gab, die die Idee der Selbstbestimmung für Südtirol

vertraten. Das vor allem von den Antifaschisten in Tirol, *Reut-Nicolussi* – ein in Italien Geächteter – an vorderster Stelle, der von *Hitler* persönlich empfangen wurde!
Noch einmal erwachte das Interesse Österreichs an Südtirols Selbstbestimmung unmittelbar nach dem Ende der Feindseligkeiten des Zweiten Weltkrieges. Das Drängen kam von Südtirol, der neu gegründeten Südtiroler Volkspartei, einer Sammelpartei. Persönlichkeiten wie *Reut-Nicolussi, Kanonikus Gamper, Franz Gschnitzer, Fritz Molden, Leopold Figl* sind mit der Forderung nach Selbstbestimmung für Südtirol und der Rückkehr Südtirols zu Österreich mehr verbunden als der damalige Tiroler Landeshauptmann und spätere Außenminister *Karl Gruber.* Er war der Botengänger zwischen Innsbruck und Wien. Manche Brücke ist in dieser Periode in den USA geschlagen worden. *Otto von Habsburg* kommen hier, wie jüngst *Erich Feigl* in einem Dokumentarwerk dargetan hat, besondere Verdienste zu. Bundeskanzler *Leopold Figl* gab am 21. Dezember 1945 vor dem österreichischen Parlament seine erste Regierungserklärung ab. Er widmete sie auch Südtirol. Seine Sätze bedeuteten Geschichte: »Eines ist aber für uns kein Politikum, sondern eine Herzenssache, und das ist Südtirol. (Stürmischer, lang anhaltender Beifall und Händeklatschen im Hause und auf den Galerien.) Die Rückkehr Südtirols nach Österreich ist ein Gebet jedes Österreichers.« Und *Franz Gschnitzer* brachte einen Entschließungsantrag zur Verlesung, in dem es u. a. heißt: »Wir bitten, unser heißgeliebtes Südtirol wieder Österreich anzugliedern. Österreich wird erst dadurch seine kulturelle, wirtschaftliche und verkehrspolitische Einheit wiedergewinnen.«
In der Tat hat *K. Gruber,* der österreichische Außenminister, die Selbstbestimmungsforderung seinem politischen Auftrag und dem Mandat entsprechend, das er von Regierung und Parlament erhalten hatte, auf dem frisch gewach-

sten internationalen Nachkriegsparkett vertreten. Man muß es heute sagen: Unter dem Drängen der Alliierten, in deren Hauptstädte er sich begab, hat er aber die Forderung auf Selbstbestimmung für Südtirol innerhalb von wenigen Wochen und Monaten aufgegeben; er hat die politischen Kräfte Österreichs in einer Zeit, die von Informationsdefizit beherrscht war, nicht rechtzeitig über die strategischen Rückschläge informiert und die patriotisch gesinnten Persönlichkeiten nicht gehörig angehört. Auch die SVP-Delegation in Paris hat sich, das kann man heute aus ihrem von mir wortwörtlich veröffentlichten Bericht (was man in bestimmten Kreisen gar nicht gerne gesehen hat) lesen, rasch breitwalzen lassen. Als dann Gruber, der österreichische Außenminister, vor dem Ministerrat und vor dem außenpolitischen Ausschuß des österreichischen Parlamentes am 1.10.1946 über seine Südtirolpolitik Rede und Antwort stehen mußte, war die Selbstbestimmung für Südtirol schon abgeschrieben. Die Entschließung, die der außenpolitische Ausschuß am 1.10.1946 faßte, lautete: »Die Haltung Österreichs (gemeint war der Abschluß des Pariser Abkommens) bedeutet in keiner Weise einen Verzicht auf die unveräußerlichen Rechte unseres Staates auf Südtirol. Der Ausschuß gibt der bestimmten Hoffnung Ausdruck, daß eine geänderte Weltlage in Zukunft den Südtirolern die Möglichkeit der Selbstbestimmung über ihre staatliche Zugehörigkeit geben wird. Er ist der Meinung, daß dieses Prinzip der einzige Weg für eine dauernde Lösung der Südtirolfrage ist, die von Österreich als gerecht und befriedigend angenommen werden könnte.« Welche Haltung der österreichische Außenminister zur Selbstbestimmungsfrage und zu der Aussage des außenpolitischen Ausschusses einnahm, erfuhr man erst 40 Jahre später. Ich habe die Grubersche Sprachregelung, die er dem österreichischen Botschafter nach Paris depeschierte, im Archivmaterial des österreichischen Außenministeriums gefunden und publiziert. Gruber sagte: »In Beantwortung einer telefonischen Anfrage Gesandten Bischoffs wegen des ungünstigen Eindrucks, den der Wiener Parlamentsbeschluß hier gemacht hat, empfiehlt Dr. Gruber Herrn Gesandten Bischoff folgende Argumente: Der Beschluß ist rein innenpolitisch zu sehen und gehört in das Gebiet der Wahlstrategie.« Das bedarf keines Kommentars.

Von diesem Zeitpunkt an war die Selbstbestimmung für Südtirol kein ernsthafter Gegenstand österreichischer Außenpolitik: nicht bei den Verhandlungen unter *Gschnitzer* als Staatssekretär (1956–1961), nicht vor der Generalversammlung der Vereinten Nationen (1960/61), nicht bei den Verhandlungen der Expertenteams von 1961 bis 1964 und schon gar nicht bei den unter totalem Ausschluß der Öffentlichkeit geführten Gesprächen zwischen den Österreichern *R. Kirchschläger* und *K. Kathrein* einerseits und den Italienern *M. Toscano* und *R. Gaja* andererseits (1964–1969). Nicht einmal den Anschein erwecken, als öffne man die Augen zur Selbstbestimmung für Südtirol, war die Parole. Ja auch im Zuge organisierter Gewaltanwendung war der höchste Ausdruck der Gefühle aus außenpolitischem Mund, man könne dies verstehen. Der Außenpolitiker *Kreisky* war auch der einzige (neben dem Tiroler *Wallnöfer*), der klar erklärte, die Selbstbestimmung wäre die beste Lösung für Südtirol, aber es gehe halt nicht.

Die österreichische Außenpolitik hat, von den kurzen Zeitspannen 1918/1919 und 1945/46 abgesehen, das Weltinteresse und das Europainteresse für eine Selbstbestimmung für Südtirol nirgends geweckt. Österreich ist still gewesen. Ja nicht einmal, als die europäische Revolution der Jahre 1989/90, als eine europäische Selbstbestimmung, in Gang gekommen ist, durch die die Grenzen Europas massiv verändert worden sind, sah sich die österreichische Außenpolitik veranlaßt, Südtirols Selbstbestimmung auch nur einer Erwähnung wert sein zu lassen. Als ich im Parlament in meiner Abschiedsrede im Sommer 1990 erklärte, man solle die Selbstbestimmung Südtirols nicht am Horizont verschwinden lassen, würde ich keinen Beifall erhalten haben, hätte ein freiheitlicher Abgeordneter nicht in die Hände geklatscht.

Das Bekenntnis allerdings, die »Selbstbestimmung ist unverzichtbar«, war als Stehsatz zu hören.

Die österreichische Außenpolitik hat eine Seite des Völkerrechtes natürlich für sich: Die Brennergrenze ist völkerrechtlich vierfach abgesichert: im Friedensvertrag von St. Germain, im italienischen Friedensvertrag von 1947, den Österreich anerkennen mußte, im Staatsvertrag von 1955 und – so sagt man – im Pariser Abkommen, von dem die offizielle österreichische Außenpolitik trotz der oben erwähnten außenpolitischen Entschließung im Parlament sagt, daß sich Pariser Abkommen und Selbstbestimmung ausschlössen. Neuerdings heißt es, man »dürfe vor Paketabschluß keinen neuen Kurs einschlagen«; Erfüllung der Autonomie habe Vorrang (österreichischer Außenminister Mock im September 1991). Die österreichische Außenpolitik hat eine andere Seite des Völkerrechtes gegen sich. Das Recht auf Selbstbestimmung ist ein Recht des Volkes. Es macht vor Grenzen nicht notwendigerweise halt. In der Helsinki-Deklaration steht der Ausdruck, daß es zur europäischen Politik gehöre, Grenzen auf friedlichem Wege ändern zu können.

Zu all dem tritt ferner – ganz abgesehen von der italienischen »Heiligkeit« der Brennergrenze – die Problematik, die sich aus der Neutralität ergibt: Freistaat Südtirol durch Selbstbestimmung oder gar Österreich-Anschluß durch Selbstbestimmung würde das Gebiet aus dem Nato-Bereich, in dem es als italienisches Staatsgebiet steht, herausbrechen müssen und es als österreichisches Staatsgebiet demselben Status unterwerfen, den Österreich hat. Nämlich dem der immerwährenden Neutralität.

Die Interessenlage stellt eine Ausübung der Selbstbestimmung in Südtirol auch in die Konfliktsituation, daß ein Territorium aus dem Staatenverbund der EG herausbrechen würde, sei es als Freistaat, sei es in seiner Verbindung mit dem EFTA-Mitglied Österreich.
Es gibt also genug Gründe für die österreichische Außenpolitik, den Selbstbestimmungsgedanken für Südtirol seit dem Scheitern der Bemühungen im Jahre 1946 ernsthaft nicht wiederaufzunehmen. Aber die meisten dieser außenpolitischen Argumente sind nicht mehr stichhältig. Dem Argument das Alt-Bundespräsidenten *Dr. R. Kirchschläger,* das er im Jahre 1981 vorgebracht hat: »Wenn man unter Selbstbestimmungsrecht eine Änderung von Grenzen versteht, dann muß ich sagen, das geht an den politischen Realitäten in Europa vorbei«, ist sein politischer Grund entzogen worden, spätestens mit der Wiedervereinigung Deutschlands, die die massivsten Grenzänderungen seit 1945 in Europa mit sich gebracht hat.
Ein weiteres wolle bedacht werden: Obwohl Volkstum in Gefahr ist, geht es den einzelnen in der modernen südtirolischen Gesellschaft gut. Südtirol heute ist Wohlstand mit seinen Schattenseiten, der einzelne ist weitgehend zufriedengestellt, es werden heute die Menschenrechte von den Autoritäten, von Unzulänglichkeiten, wie es sie überall im Alltag gibt, abgesehen – die Folterungswelle der Jahre 1961 bis 1964 ist nicht mehr –, gewährleistet.
Also die österreichische Außenpolitik hat heute Gründe, sich nicht mehr für die Selbstbestimmung für Südtirol zu engagieren. Ich möchte aber sagen: Wenn sie *gewollt* hätte, so chancenlos wäre die Selbstbestimmung mit österreichischer außenpolitischer Unterstützung in den Jahren 1946, 1960/64, 1989/90 nicht dagestanden. Es gibt keinen besonders hervorzuhebenden außenpolitischen Bremser für die verhinderte Selbstbestimmung. Die Bremsung war kollektiv. Kein Außenpolitiker – von *Franz Gschnitzer* abgesehen

– hat es gewagt, die außenpolitische Schallmauer zu durchbrechen. Es gab auch keine »Trägerraketen« und keine Treibsätze. Die österreichische Verantwortung vor internationalem Unbehagen und die Angst vor dem Risiko waren stärker als jene, die für die Selbstbestimmung im Entkolonialisierungsprozeß und im Zuge deutscher Wiedervereinigung eingetreten sind.

Zu 3: Weil die politischen Parteien in Österreich und in Südtirol nach ersten Rückschlägen die Selbstbestimmungsforderung nie kontinuierlich und mit Energie als Selbstbestimmungspolitik verfolgt haben und weil die Südtiroler Parteipolitik die Selbstbestimmungsforderung für ihr Land nie so zu ihrem Anliegen gemacht hat, daß sie mit dieser Forderung politisch und auch menschlich gestanden oder gefallen wäre, von zählbaren Ausnahmen abgesehen.

In einem demokratischen Staatswesen nehmen *politische Parteien* eine tragende Stellung ein. Sie repräsentieren das Staatsvolk. Ihr staatliches Forum sind Parlamente und Regierungen. Ihr politisches Forum ist die Öffentlichkeit. In einem Konflikt von Mehrheitsvolk und Minderheit ist die politische Repräsentanz der Volksgruppe für die Stellung dieser im Staatsganzen von grundlegender Bedeutung. Auch die Haltung der politischen Parteien in dem Staat, dem die Volksgruppe zugehört, ist von Bedeutung. Das Konfliktpotential wird auch durch jene politischen Parteien angereichert, die das Mehrheitsvolk vertreten.

Die politische Parteienlandschaft in Südtirol war nach der Annexion Südtirols im Jahre 1920 spiegelgleich jener vor der Annexion, d. h. in der österreichischen Monarchie. Nur mit dem Unterschied, daß die Südtiroler Parteien in eine italienische Parteienlandschaft gestellt worden sind.

An dieser Stelle sei darauf aufmerksam gemacht, daß es in der Phase der Annexion Südtirols durch Italien Repräsentanten der italienischen Sozialdemokratie waren, die ihre

Stimmen gegen die Annexion Südtirols erhoben hatten. Ja, das Annexionsgesetz ist gegen die Stimmen der italienischen Sozialdemokraten beschlossen worden. Doch längst ist auch für die italienische Sozialdemokratie die Brennergrenze eine »heilige Grenze« geworden. Die Haltung der italienischen Sozialdemokratie in bezug auf die Annexion Südtirols durch Italien war im Jahre 1920 ein politisches Intermezzo in der italienischen Parteienlandschaft.
Reut-Nicolussi tritt als Vertreter Tirols in der provisorischen Nationalversammlung für die Selbstbestimmung ein und führt am 6.9.1919 u. a. aus:

»›Tirol erkennt daher den Zustand, der durch den Frieden geschaffen werden soll, nicht als Rechtszustand an und wendet sich schon jetzt an den Völkerbund, damit er dem betreffs Südtirol mit Füßen getretenen Selbstbestimmungsrechte Anerkennung verschaffe und im Interesse der Aufrechthaltung des Friedens und gerechter und ehrenhafter Beziehungen zwischen den Nationen das schwere Unrecht beseitige, das dem Lande Tirol widerfahren ist.‹«
Das, hohe Nationalversammlung, ist der Beschluß des Tiroler Landesrates zur Friedensfrage. In Südtirol haben im Verlaufe der letzten Woche die Vertreter sämtlicher Parteien beim italienischen Gouverneur Gredaro vorgesprochen und haben ihm einmütig eine Rechtsverwahrung zur Kenntnis gebracht, womit sie den Friedensvertrag in der jetzigen Fassung ablehnen und für immerwährende Zeiten auf dem Selbstbestimmungsrechte Südtirols bestehen. Sie werden es mir zubilligen, daß ich als Südtiroler keine andere Haltung einnehmen kann.«

Das Bekenntnis zur Selbstbestimmung für Südtirol, das *Reut-Nicolussi* im Wiener Parlament als Tiroler Abgeordneter zur Provisorischen Nationalversammlung abgegeben hatte, erneuerte er im Namen der Volkspartei im italienischen Parlament! Nicht lange. Im Jahre 1922 besiegelte Mussolini das Ende des Mehrparteienparlaments. Die politischen Parteien wurden unterdrückt. Sie konnten sich nicht mehr frei äußern. Die Homines politicis aus Südtirol und Österreich mußten das Bekenntnis zur Selbstbestimmung für Südtirol auf ihre Weise weitertragen. Der im Jahre 1919 gegründete Andreas-Hofer-Bund war eine Sammlung patriotischer Kräfte in Süd- und Nordtirol. Er hat unter *Reut-Nicolussi* die Selbstbestimmungsidee für Südtirol hochgehalten.

Die im *österreichischen Parlament vertretenen politischen Parteien* hatten in der ersten Republik in einer Reihe von parlamentarischen Interventionen die Selbstbestimmung für Südtirol zum Gegenstand, sekundiert von ähnlichen Interventionen des Nordtiroler Landtages.

Nur wenige Monate nach diesen bewegenden Erklärungen über den staatsrechtlichen Verlust Südtirols gab ein Vorfall Anlaß, an den damaligen Staatskanzler Renner eine parlamentarische Anfrage zu stellen, die sich auf das Schicksal Südtirols bezog. Die *Anfrage wurde von großdeutschen Abgeordneten,* u. a. dem Tiroler *Dr. Straffner,* eingebracht. Sie datiert vom 28. April 1920 und lautet:

»Der ›Secolo‹ berichtet in seiner Nummer 19280 vom 8. April unter dem Titel ›Der Staatskanzler Renner in Rom. Die wirtschaftlichen und politischen Beziehungen zwischen Italien und Österreich‹ (Seite 1, Spalte 3) folgendes:

›Am Nachmittag des 7. April begab er (Dr. Renner) sich in die Kammer und in den Senat, um den beiden Präsidenten seine Visitkarte abzugeben.

Im Gespräche mit einigen Journalisten sagte der Kanzler, Österreich wolle die im Friedensvertrage übernommenen Verpflichtungen loyal erfüllen, überzeugt, daß die Freundschaft Italiens ihm diese Aufgabe erleichtern werde. Er

fügte hinzu, Tirol bilde eine für die Seele Österreichs schmerzhafte Wunde, aber die Zeit werde sie heilen.‹
Der Herr Staatskanzler mag in dieser seiner Äußerung, wenn die Mitteilungen des ›Secolo‹ richtig sind, seine eigenen Gefühle zum Ausdruck gebracht haben, vielleicht auch die seiner Partei, gewiß aber nicht die Gefühle der Deutschen Tirols. Die Deutschen Tirols haben dem Herrn Staatskanzler zu einer derartigen Äußerung kein Mandat erteilt. Wenn der Herr Staatskanzler sich einmal die Mühe genommen hätte, sich von der tatsächlichen Stimmung der deutschen Tiroler Bevölkerung zu überzeugen, so hätte er den Eindruck gewinnen müssen, daß der Raub Deutschsüdtirols und Ladiniens von den deutschen Tirolern nie vergessen werden kann und daß eine friedliche Zusammenarbeit mit Italien, die alle deutschen Tiroler wünschen, nur dann denkbar ist, wenn Italien Deutschsüdtirol und Ladinien wieder herausgibt. Die Wunde, die der deutschen Bevölkerung Tirols durch den Raub der deutschen und ladinischen Gebiete Südtirols geschlagen wurde, kann und wird die Zeit nicht heilen.
Wenn der Herr Staatskanzler im In- und Auslande Stimmungen erweckt, die einem, wenn auch schmerzlichen Verzichte, auf Deutschsüdtirol und Ladinien gleichkommen, so mag er sich nicht wundern, wenn ihm Tirol auf diesem Wege nicht folgen kann. Es ist überaus bedauerlich, daß durch derartige Äußerungen eines verantwortlichen Staatsmannes im Auslande vollkommen falsche Meinungen entstehen müssen und doppelt bedauerlich, daß dies in einem Augenblick geschieht, in dem weite Kreise des Auslandes das grobe an Tirol durch die Landeszerreißung und Mißachtung des Selbstbestimmungsrechtes von 250000 Deutschen begangene Unrecht einzusehen beginnen.
Die Gefertigten stellen daher an den Herrn Staatskanzler Dr. Renner die Anfragen:
1. Beruhen die im ›Secolo‹ vom 8. April gebrachten Äuße-

rungen des Herrn Staatskanzlers bezüglich Deutsch-Südtirol auf Wahrheit?
2. Wenn nicht, warum hat der Herr Staatskanzler diese Äußerungen bis heute nicht dementiert, beziehungsweise wann gedenkt er dies zu tun?

Wien, 28. April 1920.

Dr. Waber.	Dr. Strassner.
Kraft.	Krötzl.
Thanner.	Leopold Stocker.
Birchbauer.	Egger.
Wedra.	Dr. Ursin.
Schürff.	W. Pauly.«

Die Antwort wurde am 18. Mai 1920 gegeben und hatte einen Wortlaut, der hinsichtlich der Selbstbestimmungsfrage für Südtirol gewiß auch heute noch Interesse abverlangt:

»Die im ›Secolo‹ v. 8. April d. J. gebrachten Äußerungen des Staatskanzlers bezüglich Südtirols sind richtig wiedergegeben. Diese Äußerungen rechtfertigen jedoch nicht die einseitige Interpretation, die ihnen von den Interpellanten gegeben wurde. Der Staatskanzler hat in seiner Äußerung, Tirol bilde eine für die Seele Österreichs schmerzhafte Wunde, aber die Zeit werde sie heilen, lediglich der Überzeugung Ausdruck gegeben, daß sich in der Zukunft für die Tiroler Frage durch die Verwirklichung des Grundsatzes des nationalen Selbstbestimmungsrechtes eine Lösung finden werde. Ein Anlaß zu einem Dementi der Mitteilungen des ›Secolo‹ war und ist demgemäß nicht vorhanden.«

In ungleich engagierterer Weise befaßte sich der *österreichische Nationalrat* mit *Südtirol.* Vor allem die Tiroler

Abgeordneten, von den Debatten im Tiroler Landtag animiert, trugen die Südtirolfrage in Anfragen und Anträgen an die Bundesregierung heran. Die Vertreter der Bundesregierung, die den Anfragen Rede und Antwort zu stehen hatten, taten sich sichtlich schwer, die legitimen Beschwerden mit formalen Argumenten abzuwehren. Die Interventionstätigkeit der österreichischen Parlamentarier für die Interessen Südtirols brach im Jahre 1929 plötzlich ab. Man kann dieses Faktum nur so deuten, daß der Ballhausplatz einen Wink gab, durch die parlamentarischen Interventionen die italienische Regierung nicht zu sehr zu verstimmen, da die Regierung Schober bemüht war, mit *Mussolini* – Südtirol hin oder her – ein Übereinkommen zu erzielen, das im österreichisch-italienischen Schieds- und Freundschaftsvertrag seinen Ausdruck fand (BGBl. Nr. 201/1930). Dieses Abkommen war wohl der Schlußstrich parlamentarischer Kritik an der Behandlung der Südtiroler durch Italien. *K. G. Hugelmann* als Berichterstatter im Bundesrat machte dies deutlich.

Folgende Anfragen und entsprechende Antworten der befragten Regierungsmitglieder können hervorgehoben werden:

- Anfrage betreffend den Überfall einer Gruppe von Faschisten auf die deutsche Bevölkerung in Bozen am 24. April 1921 v. 28. April 1921,
- Anfrage wegen Behandlung ehemaliger österreichischer Postangestellter in Südtirol v. 5. Mai 1924,
- Anfrage wegen Verfolgung der Deutschen in Südtirol v. 3. Februar 1927,
- Anfrage betreffend den Schutz der Österreicher in Italien v. 17. Jänner 1928,
- Anfrage wegen der Nötigung eines österreichischen Bundesbürgers zum Dienst im italienischen Heer v. 22. Februar 1928,
- Anfrage betreffend die Einreiseverweigerung für ehe-

malige Südtiroler Lehrer nach Italien v. 8. November 1928,
- Anfrage betreffend die Nichtzustellung der »Innsbrukker Nachrichten« an die Adressen in Südtirol durch die königlich-italienischen Postorgane v. 10. November 1925.

Das auslösende Moment für eine großangelegte *Südtiroldebatte im Nationalrat* im Jahre 1926 war eine Erklärung des Bundeskanzlers *Ramek* im Hauptausschuß des Nationalrates zur Südtirolfrage. Der Bundeskanzler habe in seiner Stellungnahme vor dem Hauptausschuß nicht den Namen »Südtirol« verwendet, sondern – dem damaligen italienischen Sprachgebrauch entsprechend – von »Oberetsch« gesprochen. Dieses Faktum führte im Tiroler Landtag zu einem Dringlichkeitsantrag, der am 9. März 1926 behandelt worden ist. Der Dringlichkeitsantrag lautete: »Der Tiroler Landtag dankt den Bundesratsmitgliedern aus Tirol für die mannhafte Vertretung des tirolischen Standpunktes in der Angelegenheit Südtirol. Der Landtag spricht sein tiefstes Bedauern aus, daß vom Bundeskanzler in seiner Rede vor dem Hauptausschuß des Nationalrates nicht nur der Name Südtirol vermieden, sondern geflissentlich der Ausdruck Oberetsch gebraucht worden ist. Der Landtag steht auch weiterhin auf dem Standpunkt, daß die Angelegenheit Südtirol vor den Völkerbund gehört. Innsbruck, am 8. März 1926. Dr. Haidegger, Dr. Straffner, Dr. Gamper, Dr. Peer, Zösmayr.«

Dieser Dringlichkeitsantrag ist im Tiroler Landtag am 10. November 1926 behandelt worden. Er bezieht sich auf die Behandlung der Deutschen Südtirols durch die Italiener und lautet: »Die Landesregierung wird aufgefordert, sofort bei der Bundesregierung vorstellig zu werden, damit sie bei der kgl. italienischen Regierung Schritte unternehme, um das schwere Los der Deutsch-Südtiroler zu erleichtern, und daß sie nichts unversucht lasse, die Mitglieder des Völkerbundes auf die in Südtirol herrschenden Zustände aufmerksam zu machen, die geeignet sind, das gute Einvernehmen zwischen den Nationen, von dem der Friede abhängt, zu stören. – Innsbruck, am 10. November 1926, Abg. Dr. Straffner, Dr. Steidle u Gen.«

Am 17. Jänner 1928 brachten, offenbar in Verfolg der Initiativen des Tiroler Landtages, die Tiroler Abg. *Haueis, Dr. Kneussl, Dr. Kolb, Steiner, Straffner* an den Bundeskanzler eine schriftliche Anfrage ein, die in der Frage gipfelte: »Was gedenkt der Herr Bundeskanzler zu unternehmen, um die Rechte der Österreicher in Italien wirksam zu schützen, andererseits, um die Einhaltung der bei und nach Abschluß der Friedensverträge seitens Italien gegebenen Zusicherungen zu gewährleisten?« Diese Anfrage wurde von Bundeskanzler *Seipel* beantwortet. Nachdem er sich mit individuellen Fällen – nämlich Karl Ladstätter, Johann Stricker, Ingomar Verhouz, Rudolf Riedl u. a. – der Heranziehung von Österreichern zum Militärdienst in Italien, der Enteignung von Immobiliarbesitz, der Beschlagnahme von Zeitungen befaßt hatte, ging der Bundeskanzler auf die eigentliche Minderheitenschutzfrage ein, die besondere Aspekte des Standes des Minderheitenschutzes in der Zwischenkriegszeit aufwirft. Sie zeigt die ganze Machtlosigkeit eines Staates, der keine Schutzmachtfunktion nach geltendem Völkerrecht für sich in Anspruch nehmen konnte und für eine vom Territorialstaat international und national nicht anerkannte Minderheit nicht geltend gemacht wurde. Der Bundeskanzler antwortete vor allem auf die Frage, was er zu unternehmen gedenke, um die *Rechte der Österreicher in Italien* (gemeint sind die Südtiroler) wirksam zu schützen, wie folgt:

»1. Der Umstand, daß in der Manetnote zum Staatsvertrag von St. Germain-en-Laye ausdrücklich auf die Erklärungen des damaligen kgl. Ministerpräsidenten in der italienischen Kammer über die gegenüber den neuen italienischen Staatsbürgern deutscher Nationalität in Aussicht genommene liberale Politik hingewiesen wird, berechtigt die Bundesregierung gewiß, auf die Nichteinhaltung der in diesen *Erklärungen liegenden Zusagen* zu verweisen.

Denn dieser ausdrückliche Hinweis auf diese ›déclaration très nette‹ des kgl. italienischen Ministerpräsidenten ist von den alliierten und assoziierten Hauptmächten im Zusammenhang mit der Weigerung, eine Änderung der Grenzen im Sinne der österreichischen Vorstellungen vorzunehmen, unzweifelhaft aus dem Grund erfolgt, um die damalige österreichische Friedensdelegation, die bekanntlich die Abtrennung der deutschen Gebiete von Tirol unter Anführung aller gegen eine solche Maßnahme sprechenden gewichtigen Argumente bekämpft hatte, über das Schicksal der von ihrem Mutterland getrennten Deutschen zu beruhigen.

Dagegen kann nicht übersehen werden, daß, solange ein allgemeiner Völkerrechtsgrundsatz über die Rechte der nationalen Minderheiten nicht anerkannt ist, Italien in der Lage ist, sich auch dem Völkerbund gegenüber darauf zu berufen, *daß es sich in unserem Falle um eine Klage über die Behandlung italienischer Staatsangehöriger durch ihre eigene Regierung handelt,* also um eine Frage, die *nach internationalem Recht in die ausschließliche Zuständigkeit Italiens fällt.* Dasselbe gilt hinsichtlich des einschlägigen Passus der italienischen Thronrede und der beiden anderen in der Anfrage erwähnten Erklärungen italienischer Staatsmänner, denn auch diese stellen nur Versprechungen dar, über deren Einhaltung oder Nichteinhaltung die italienische Regierung wieder bloß ihren eigenen Staatsbürgern Rechenschaft schuldet.

2. Der zweite theoretisch mögliche Weg wäre, die Völkerbundversammlung unter Berufung auf Art. 19 der Satzung

mit der Südtiroler Frage zu befassen, wobei davon ausgegangen werden müßte, daß die den Selbstbestimmungsrechten der Völker widersprechende, lediglich aus den Italien von den alliierten und assoziierten Hauptmächten vor Eintritt in den Krieg abgegebenen Versprechen zu erklärende Zuteilung deutscher Gebiete Tirols an Italien infolge der Behandlung der dortigen Deutschen durch die italienische Regierung zu einem solchen internationalen Verhältnisse geworden sei, dessen Aufrechterhaltung den Weltfrieden gefährden könne. Dieser Weg ist derzeit wohl als ungangbar zu bezeichnen. Wir wissen nämlich, daß von Italien – wie ich bereits im Budgetausschuß bei Beantwortung einer verwandten Anfrage des Abg. Dr. Ellenbogen erwähnt habe – das Herantragen dieser Frage an den Völkerbund *als ein feindseliger* (nicht wie verschiedentlich nach meinen damaligen Erklärungen irrig zitiert wurde ›unfreundlicher‹) Akt Österreichs betrachtet würde. Ein solcher Schritt würde nicht nur eine gewaltige Verschlechterung unserer Beziehungen zu Italien zur Folge haben, sondern es ist auch die Befürchtung nicht von der Hand zu weisen, daß er eine noch weitergehende Verschlechterung des Loses jener, in deren Interesse er unternommen werden sollte, mit sich bringen könnte.

3. Es erübrigt sich, auf die Möglichkeit *einer Änderung der geschilderten unbefriedigenden Rechtslage selbst* einzugehen. Auch eine solche Möglichkeit besteht theoretisch zu Recht. Die Bundesregierung könnte der Völkerbundversammlung den Antrag stellen, die Bundesstaaten durch Beschluß aufzufordern, die in den Minderheitenschutzverträgen enthaltenen Verpflichtungen vertragsmäßig auf sich zu nehmen. Ein analoger Antrag einer nordischen Regierung ist aber vor zwei Jahren ergebnislos geblieben. Auch wäre ein bloßer Beschluß der Versammlung dieser Art, auch wenn er zustande käme, für Italien nicht bindend. Dazu bedürfte es eines internationalen Aktes, z. B. eines

Protokolles, das von Italien mitunterzeichnet und ratifiziert werden müßte. Eine Empfehlung der Versammlung, die Mitglieder mögen die Bestimmungen der Minderheitsverträge ohne vertragliche Bindung befolgen, ist im Jahre 1922 ohnedies beschlossen worden. Ein praktisches Ergebnis ist dieser Empfehlung nicht beschieden gewesen.
Unter den geschilderten Umständen halte ich es nicht für angezeigt, in der in Rede stehenden Frage eine diplomatische Aktion zu unternehmen. Die Bundesregierung muß sich darauf beschränken, der italienischen Regierung in aller Aufrichtigkeit zu sagen, daß die von unseren Vorstellungen über kulturelle Minderheitsrechte und deren Achtung weit entfernte Behandlung der Deutschen südlich des Brenners sich der Entwicklung weitergehender freundschaftlicher und vertrauensvoller Beziehungen zwischen Österreich und Italien, die sonst so wünschenswert wäre, als großes Hindernis in den Weg stellt.

Der Bundeskanzler: Dr. Seipel m. p.«

Aufgrund dieses gesamten Fragenkomplexes fand im Zuge der Budgetdebatte am 28. Februar 1928 eine großangelegte *Südtiroldebatte* statt, die gegen die Zurückhaltung der österreichischen Regierung gerichtet war, dem faschistischen Italien vor dem Völkerbund in Sachen Südtirol die Stirn zu bieten. Dieser Debatte ging im deutschen Reichstag eine parlamentarische Diskussion voraus, in der der damalige deutsche Reichskanzler *Stresemann* durchaus für die Interessen Südtirols eintrat. Und *Mussolini* kehrte ganz den allmächtigen souveränen Staat, ja die Siegermacht heraus, als er *Stresemann* und später dem österreichischen Bundeskanzler antwortete. Das *Hochetsch* sei italienisches Territorium, die Behandlung der Bürger des Hochetsch eine inneritalienische Angelegenheit. Und der Bundeskanzler mußte zugestehen, daß Italien nach geltendem Völkerrecht keine wie immer geartete Verpflichtung habe, für die deutschen Südtiroler besondere Minderheitenschutzregelungen einzuführen und etwa von einer Italianisierung Abstand zu nehmen. Die Abgeordneten zum Österreichischen Nationalrat, die in der Frage das Wort ergriffen, vertraten unter dem Beifall des engagierten Hauses eine gerechte Sache; das kann man der Wortwahl und den Problemstellungen entnehmen. Die Ausführungen der Tiroler Parlamentsabgeordneten sind von den südtiroldeutschen Verbänden für so gewichtig gehalten worden, daß sie auch in englischer Übersetzung der Öffentlichkeit übergeben worden sind. Aber es war das letzte Mal, daß sich der österreichische Nationalrat vor seiner Ausschaltung im Jahre 1933 mit einer Minderheitenfrage befaßt hatte. Aktuellere, die Nation als ganzes berührende Probleme standen auf der Tagesordnung. Es kam zum Abbruch der Selbstbestimmungsforderung im österreichischen Parlament und im Tiroler Landtag.

Nach dem Sturz der diktatorischen Regime am Ende des Zweiten Weltkrieges und der Wiedererstellung pluralistischer Politik gewinnt die *Haltung der politischen Parteien* für die Selbstbestimmung erneut an Bedeutung. Die Politiker im österreichischen Nationalrat ließen es nicht an Emotionen für die Selbstbestimmung Südtirols fehlen. Es hat aber nur eine der in Frage kommenden politischen Parteien sich auch programmatisch ausdrücklich zur Selbstbestimmung für Südtirol bekannt: die am 8. Mai 1945 gegründete *Südtiroler Volkspartei.* Es war allein ihr Parteiprogramm, als Vorprogramm bezeichnet, das im Punkt 3 des Programmes formulierte: »Seine Vertreter zu ermächtigen – unter Ausschluß aller illegalen Methoden –, den Anspruch des Südtiroler Volkes auf Ausübung des Selbstbestimmungsrechtes bei den alliierten Mächten zu vertreten.« Die Programme österreichischer politischer Parteien enthielten dazu keine Aussage.

Nachdem die Selbstbestimmungsforderung im Jahre 1946 unerfüllt geblieben war, begann sich die Haltung der SVP zur Frage der Selbstbestimmung zu ändern. Programmatisch und pragmatisch. *Programmatisch,* als die Selbstbestimmung für Südtirol im Sinne eines Anschlusses Südtirols an Österreich zunächst aus dem Programm von 1947 gestrichen wurde und man sich zum Bestand der Südtiroler Bevölkerung im italienischen Staatsverband bekannt hat. Erst im Jahre 1972 – also nach vielen Jahren besonderer politischer Ereignisse – wurde in den Punkt 3 ein Satz aufgenommen, der wiederum an die Selbstbestimmung erinnerte. Es hieß in ihm: »Das in der UNO-Charta verankerte Recht auf Selbstbestimmung bleibt unverzichtbar.« Im Gegenzug findet sich ein Bekenntnis zum Pariser Abkommen.

Schon in der zweiten Sitzung des frei gewählten Nationalrats, am 21.12.1945, war es Bundeskanzler *Figl,* der ihn über diese Politik Österreichs – eine mutige Politik im Lichte der tatsächlichen, die Souveränität bedrückenden Verhältnisse nach 1945 – informierte. Er meinte vor dem Hohen Haus, daß er nicht von der Ungerechtigkeit gewisser Grenzziehungen vom Jahr 1918 reden wolle:
»Eines aber ist für uns kein Politikum, sondern eine Herzenssache, und das ist Südtirol. (Stürmischer, lang anhaltender Beifall und Händeklatschen im Hause und auf den Galerien.) Die Rückkehr Südtirols nach Österreich ist ein Gebet jedes Österreichers. (Neuerlicher Beifall.) Als zweites unabdingbares Gesetz unserer Außenpolitik muß ich die Unteilbarkeit unseres Kärntnerlandes in seinen alten Grenzen bezeichnen. (Brausender Beifall.) Das freie, unabhängige und demokratische Österreich fühlt sich bereits heute aufgrund seiner außenpolitischen Ideologie als ein Teil der ›Vereinten Nationen‹. Es wird sein Bestreben sein, in baldigster Zeit auch die Legitimation hierfür zu haben. (Großer Beifall.)«

In derselben Sitzung, in der auch das Budgetgesetz 1946 genehmigt wurde, meldete sich nach Genehmigung dieses Budgets der Tiroler Abgeordnete Univ.-Prof. *Franz Gschnitzer* zu Wort. Er ersuchte um die Annahme einer Entschließung gemäß § 96 Abs. 5 der GO. Der Entwurf hatte folgenden Wortlaut:

»Der Nationalrat wolle beschließen:
Der erste frei gewählte Nationalrat des neuerstandenen Österreichs richtet an die Bundesregierung die dringende Bitte, alles zu unternehmen, um Südtirol in unsere österreichische Gemeinschaft und unsere Verwaltung zurückzuführen.
Von Südtirol ist vor fast einem Jahrtausend die Einigung Tirols ausgegangen; es hängt in unverbrüchlicher, auch durch die schmerzlichen Ereignisse der letzten Jahrzehnte nie erschütterter Treue an Österreich und ersehnt heute inniger denn je die Rückkehr.
Wir bitten, unser heißgeliebtes Südtirol wieder Österreich anzugliedern. Österreich wird erst dadurch seine kulturelle, wirtschaftliche und verkehrspolitische Einheit wiedergewinnen.«

Diesem Antrag fügte *Gschnitzer* laut Stenographischem Protokoll noch folgendes an:

»Erlassen Sie mir die Anführung aller Gründe des Verstandes und Herzens. Wollte ich nur einzelne anführen, würde es abschwächend wirken. Darf ich die Empfindungen, die uns bewegen, zusammenfassen in den geballten Worten des Gedichtes, das, prophetisch vorausschauend, den Tag sieht, den wir alle erhoffen, ersehnen, erwarten:

O Blut, das ward vergossen!
O Tränen, die geflossen!
Zeit des Zerrissenseins!
Tirol ist eins!

Heimat der schönen Lenze!
Der Brenner ist nicht Grenze!
Nach unerhörtem Leid –
Gerechtigkeit!

Wie bitter hieß es warten,
Du Stadt am Rosengarten;
Land paradiesesgleich –
Zu Österreich!

Nach Jahren der Zerstückung,
Verwirrung und Bedrückung
Ein Herz, ein Mund, ein Schrei:
Tirol ist frei!

Nun hat die Not ein Ende!
Reicht, Brüder, Euch die Hände
aus Nord- und Südtirol:
Ein Land Tirol!

(Stürmischer Beifall und Händeklatschen.)
Präsident: Wird das Wort gewünscht? (Niemand meldet sich.) Es ist nicht der Fall.
Ich ersuche jene Frauen und Herren, die der Entschließung zustimmen, sich von den Sitzen zu erheben. (Geschieht.) Die Entschließung ist einstimmig angenommen.
Die Tagesordnung ist erschöpft.«

Im Ausschuß für auswärtige Angelegenheiten wurde eine Entschließung gefaßt, auf die sich die Südtiroler Volkspartei im Jahre 1982 ebenso berief wie der Dillersberger Antrag von 1986. Diese Entschließung, die am 1. Oktober 1946 mit den Stimmen der SPÖ und der ÖVP, nicht aber der KPÖ angenommen wurde, hat folgenden Wortlaut:

»Der Ausschuß für auswärtige Angelegenheiten nimmt den Bericht des Ministers für auswärtige Angelegenheiten, Dr. Gruber, zur Kenntnis mit dem Ausdruck des Bedauerns, daß es nicht gelungen ist, die Freiheitsrechte des Südtiroler Volkes bei der Friedenskonferenz durchzusetzen. Der Vorwurf nicht rechtzeitiger Information des österreichischen Nationalrates ist durch die besondere Verhandlungstechnik der Friedenskonferenz von Paris, die eine längere Abwesenheit vom Verhandlungsorte nicht zuließ, überholt. Der Bundesminister für auswärtige Angelegenheiten wird ersucht, für die Zukunft alle Maßnahmen zu treffen, um den verfassungsmäßigen Kontakt mit dem Parlamente aufrechtzuerhalten.
Die mit Italien vereinbarte Regelung, von der nicht feststeht, ob sie die Zustimmung des gesamten Südtiroler Volkes gefunden hat, bedarf noch mancher Interpretation, um als Zwischenlösung angesehen werden zu können.
Die Haltung Österreichs bedeutet in keiner Weise einen Verzicht auf die unveräußerlichen Rechte unseres Staates auf Südtirol. Der Ausschuß gibt der bestimmten Hoffnung Ausdruck, daß eine geänderte Weltlage in Zukunft den Südtirolern die Möglichkeit der Selbstbestimmung über ihre staatliche Zugehörigkeit geben wird. Er ist der Meinung, daß dieses Prinzip der einzige Weg für eine dauernde Lösung der Südtirolerfrage ist, die von Österreich als gerecht und befriedigend angenommen werden könnte.
Die Leitung der österreichischen Außenpolitik wird aufgefordert, alle Bemühungen für den möglichst raschen Abschluß eines Vertrages mit Österreich einzusetzen, der einem ungeteilten Österreich die langersehnte Freiheit bringen soll.«

Es ist auf die *Programmatik der SVP* zurückzukommen. Besonders kraß wird die programmatische Haltung der SVP, wenn man sie mit der Programmatik der deutschen Oppositionsparteien vergleicht. Seit 1980 beginnt die SVP den Charakter einer Sammelpartei zu verlieren. Zum Konkurrenten der Sammelpartei wird zunächst der Südtiroler Heimatbund – ein Zusammenschluß von Südtirolern, die sich in den Jahren 1960–1964 nicht scheuten, ihre Freiheit für die Selbstbestimmung zu opfern –, dann ab 1987 der »Wahlverband« und die *»Union für Südtirol«*. In ihren Statuten heißt es zur Selbstbestimmung: »Seine Mitglieder streben die Verwirklichung der Selbstbestimmung für Südtirol auf legalem Wege an.« Die Organisation verlangt »Selbstbestimmung für Südtirol heute«.
Ein Flügel innerhalb der SVP entfaltete sich im Februar 1991. Eine Reihe maßgebender Parteipolitiker, die sich einer »neuen Mitte« zurechnen, stellte das Projekt »Südtirol 2000« vor. Zwar wird die »Vollautonomie« als Modell gefordert, aber als Zielrichtung das Selbstbestimmungsrecht »als beständiger politischer Anspruch« angeführt. Allerdings kann nicht übersehen werden, daß die »Partei« den Zeitpunkt bestimmt, ob und wann von dem Selbstbestimmungsrecht Gebrauch gemacht werden soll. Und diese Partei war im Februar 1991, zum Zeitpunkt der Vorstellung des Projektes »Südtirol 2000«, Silvius Magnago!
An dieser Beurteilung der Politik der die Regierung tragenden politischen Parteien in Österreich und in Südtirol (SVP) ändert sich auch nichts, nachdem der Südtiroler Abgeordnete zum römischen Parlament, *Willeit,* seine Parteiführung (SVP) zur »Selbstbestimmung jetzt oder nie« aufgerufen hat. *Willeit* wurde eine Phase lang als Kandidat zum Parteiobmann der SVP nach dem aus Altersgründen den Vorsitz dieser Partei aufgebenden S. Magnago gehandelt. *Willeit* hatte jedoch schließlich unter Druck sogenann-

ter Parteifreunde auf seine Kandidatur zugunsten seines von der alten Parteigarde favorisierten Parlamentskollegen, Professor *Dr. R. Riz,* verzichtet. *Willeit* machte von sich durch einen halböffentlichen Brief an die Parteiführung vom 1. September 1991 reden, in welchem er diese Selbstbestimmung angemahnt hat.
Es war aber nur eine Episode. Eine Episode, deren Abschluß ein Schlaglicht auf die Richtigkeit meiner kritischen Bemerkungen wirft. Sowie Willeits Forderung die Öffentlichkeit – sei es absichtlich oder zufällig – erreicht hat, beschwichtigt der Nachfolger Magnagos, Riz, das könne derzeit nicht geschehen; es äußert sich der frühere außenpolitische Sprecher der ÖVP, die Politik bleibe vorerst klar auf den Paketabschluß ausgerichtet; es erklärt der derzeitige außenpolitische Sprecher der ÖVP, Andreas Khol, mit vielem Wenn und Aber, kurz vor dem Paketabschluß könne keine neue Linie gegangen werden; und es wird schließlich die Führungsspitze der SVP zusammengerufen, um im Sinne des Programmes der SVP zu erklären: Die Selbstbestimmung sei unverzichtbar, aber die Partei werde den Zeitpunkt ihrer Geltendmachung bestimmen. Nur wenn das Paket bis zum November 1991 weiter verzögert würde, dann könne man über das Selbstbestimmungsrecht reden. Alle diese Stellungnahmen hätten aber nicht stattgefunden, wenn nicht ein Abgeordneter der Regierungspartei – SVP – einen Denkanstoß in Richtung Selbstbestimmungsdiskussion gegeben hätte.
Der Parteiobmann der ÖVP, Erhard Busek, der in der Regierung Vranitzky Vizekanzler ist, hat sich zum Gegenstand ebensowenig geäußert wie der Bundeskanzler von Österreich. Man hat aus dem zweiten Glied »geschossen«. Das erste Glied hielt sich bedeckt. Auch diese Episode hat beim Träger der Selbstbestimmung – dem Volke – und bei den Massenmedien nur Zuschauer gefunden. Ich habe von meinen kritischen Bemerkungen auf den vorangegange-

nen Seiten nichts zurückzunehmen. *Willeits* Appell blieb ein Sturm im Wasserglas. Da hätte die Kundgebung »Nachdenken über Tirol«, die am 15. September 1991 am Brenner stattfand, schon mehr Eindruck machen können.

Vom *Pragmatischen* her gesehen ist es also die Parteipolitik, die im Mittelpunkt steht. Sie ist nicht anonym. Sie wird von Repräsentanten der politischen Parteien nach außen getragen. Die politischen Parteien Südtirols haben immer herausragende Persönlichkeiten – Volkstumsstreiter und Autonomiepolitiker – hervorgebracht. Bei aller demokratischen Einbettung, in der Parteiführer stehen, erringen sie kraft ihrer Politikerpersönlichkeit so viel politischen Bewegungsspielraum, daß sie ihr Bild und das Bild ihrer Partei prägen.

Die SVP ist kraft der *Haltung ihrer Obmänner* nicht als »Selbstbestimmungspartei« zu charakterisieren. Sie ist heute eine autonomistische Partei mit manchen Flügeln. Eine Partei der »guten Hirten«, wie es die christdemokratische CDU, die CSU, die ÖVP in Österreich ist. Der langjährige *Parteiobmann* der SVP, *Silvius Magnago* (geb. 5.2.1914 in Meran), ist zu einer über die Masse von Politikern hinausragenden Politikerpersönlichkeit europäischen Formats geworden. Mit einer Konsequenz ohnegleichen hat er, seit er als »Heimkehrer« aus der Option und als Genesender im April 1945 nach Südtirol zurückkehrte und sich seit 1947 in der Parteipolitik engagierte, konsequent Autonomiepolitik betrieben. In einer Doppelfunktion: als staatliches Organ, das er als Landeshauptmann der Provinz Bozen (1960–1988 = 28 Jahre) war, und als Langzeit-Parteiobmann der SVP (1957–1991 = 34 Jahre), als der er nominell Volksgruppenführer und Politiker sein sollte. Eine fatale Personalunion zweier Ämter, die sich bei der Lage, in der sich die Südtiroler befanden, nur aneinander Schaden leidend, ausschließen mußten!

»Los von Trient« war sein Schlachtruf, mit dem er am

17.11.1957 in die politische Arena und Öffentlichkeit getreten ist. Er hat sich für ihn kompromißlos eingesetzt. »Los von Rom« kam nie über seine Lippen. Dafür können zahlreiche Belege geliefert werden. Sie reichen von seinem bedeutendsten politischen Anfangsauftritt auf Schloß Sigmundskron im Jahre 1957 bis zu seiner Erklärung auf der 38. o. Landesversammlung der SVP im April 1991:

»Das Recht auf Selbstbestimmung bleibt unverzichtbar, wie es im Grundsatzprogramm der SVP festgehalten ist. Eine andere Frage ist es, wie und ob dieses Recht zum gegenwärtigen Zeitpunkt oder in Zukunft durchgesetzt werden kann. Hier gibt es viele leichtfertige Behauptungen und manches Wunschdenken, dem die SVP im Interesse des Südtiroler Volkes nicht Rechnung tragen konnte. Die SVP hält am Prinzip fest, wie es ihr Recht und ihre Pflicht ist, aber sie ist sich auch bewußt, daß Politik die Kunst des Möglichen ist. Das ist in keiner Weise eine billige Ausrede. Das Machbare besteht derzeit in der Verfechtung einer echten Autonomie.«

Auch seine mündlichen Aussagen im nicht öffentlichen Kreis galten der Autonomie und nie der Selbstbestimmung, die für ihn – als Pragmatiker – nicht einmal Vision gewesen ist. Punkt an Punkt gereiht, ist er ein konsequenter Vertreter der Autonomiepolitik. Er lehnte es ab, in den Südtirolern ein Volk zu sehen, um ja nicht Grund dafür zu legen, daß dieses als Volk nicht doch Träger der Selbstbestimmung sein könnte; er setzte sich, auf der Klaviatur seiner Rhetorik spielend, über die verzweifelten Appelle mancher seiner Opponenten, die die Selbstbestimmung begehrten, hinweg; er brachte alle nur denkbaren Argumente vor, um der Rechtfertigung der Selbstbestimmung den Boden abzugraben. Dabei ist er auf seine Weise ein Verfechter der Interessen des Südtiroler Volkes, jedoch hat er diese Interessen als in den italienischen Staatsverband eingebettet gesehen: »Mein Staat ist Italien, und darunter verstehe ich die Einrichtungen des Staates, aber mein Vaterland ist Österreich« (Dolomiten v. 26.4.1991, S. 9). Ein Pragmatiker sondergleichen, der keine Anfechtung und Mühe und menschlichen Beziehungen scheute, diese seine Pragmatik durchzusetzen. Dabei scheint ihm keiner gewachsen zu sein, weder die Persönlichkeiten innerhalb der SVP noch jene außerhalb der SVP! Dazu kommt heute die Würde seines Alters, die sichtbare Kriegsversehrtheit. Magnago ist ein einsamer, freundloser Politiker. Magnago ist ein Volksredner, der zwar seine Erklärungen vor den Parteitagen immer ablas, aber diese oft Stunden währenden Lesungen mit genug Extempores versah, die seine Lektionen nicht langweilig werden ließen. Magnago, ein Herr des politischen Geschehens in Südtirol, mit allen advokatorischen Fähigkeiten ausgestattet, ein Debattenredner großen Stils, auch alle österreichischen Politiker letztlich in der Südtirolfrage bestimmend. Seine These, daß Österreich das Vaterland der Südtiroler sei, wurde zwar unmißverständlich vorgetragen, so daß der Patriot in ihr doch ein Bekenntnis zur Selbstbestimmung vermuten konnte. Doch war er imstande, dieses zum Schlagwort, nicht zum Fanal erhobene Wort in derselben Rede wiederum so abzuschwächen, daß niemand sagen konnte, er wünsche Südtirol mit seinem Vaterland wieder vereint. Er war auch imstande, je nach Auditorium, diesem Auditorium zum Gegenstand entsprechende Aussagen zu machen. Magnago vertrat eine pragmatische, aber keine populistische Politik.

Die *Autonomie-Pragmatik Magnagos* trug erheblich dazu bei, daß eine Selbstbestimmungsbewegung in Südtirol nicht zustande kam. Die Wahlergebnisse zu Landtags- und Parlamentswahlen in Südtirol sind ein deutliches Zeichen, daß Magnago steigenden Zulauf hatte. Wäre Magnago imstande gewesen, eine Vision der Selbstbestimmung zu entfalten, das Volk Südtirols wäre ihm, dem Südtiroler Archetypus, gefolgt und hätte den politischen Kampf aufgenommen. Die kritische Biographie über Licht- und Schattenseiten des Politikerprofils Magnago ist noch nicht geschrieben. So viel steht aber fest: Er wird in die Geschichte der südtirolischen Selbstbestimmung als pragmatischer Autonomie- und Paketpolitiker eingehen, der aber bei der Selbstbestimmungsidee für seine Volksgruppe kein Vorbild war. »Ich bilde mir ein, daß ich immer konsequent war« (Die Presse, 27./28. April 1991).

Zu 4: Weil die öffentliche Meinung in Österreich und in Italien aus dem Selbstbestimmungsrecht der Südtiroler nie einen guten Selbstbestimmungsfall gemacht hat.
Diese These setzte eine grundlegende Erörterung über die Bedeutung der *Freiheit der Meinungsäußerung* voraus. Hier kann nur darauf hingewiesen werden, daß *J. S. Mill* in seiner »Studie über die Freiheit« 1856 gemeint hat, »daß selbst Gedanken ihre Straflosigkeit verlieren, wenn die Umstände, unter denen sie ausgesprochen werden, von der Art sind, daß ihr Ausdruck eine direkte Aufreizung zu irgendeiner Schandtat bildet«. »Es ist Pflicht der Regierungen ebenso wie jedes einzelnen, ihre Meinungen so richtig zu bilden wie möglich, sie sorgfältig zu formen und sie niemals anderen aufzuzwingen, wenn sie nicht ganz sicher sind, im Recht zu sein.«
Das gilt auch für die öffentliche Propagierung der Selbstbestimmung und des Selbstbestimmungsrechtes, die heute völkerrechtlich und innerstaatlich anerkannt sind.
Die Bedeutung der Medien hat sich seit 1918/20 einerseits durch eine Vielfalt von Printmedien und audiovisuellen Medien erweitert, andererseits durch die Journalistenfreiheit sehr verindividualisiert.
Die Haltung der österreichischen und südtirolischen Me-

dien zur Frage der Selbstbestimmung für Südtirol ist differenziert zu sehen. Da die Medien – das hat spätestens *J. Habermas* entdeckt – auf Absatz und Verkauf ihrer Produkte abgestellt sind, müssen sie mit solchen Schlagzeilen arbeiten, die für das Publikum attraktiv sind. Das gilt vor allem für Medien, die mit der Konkurrenz um Absatzmärkte ringen. Österreich hat eine pluralistische Medienlandschaft. In Südtirol war dies nur einige Jahre nach der Annexion durch Italien der Fall. Heute werden die deutschen Südtiroler Printmedien durch die monopolartige Stellung der Tageszeitung »Dolomiten« und deren parteipolitisch orientierten Dependance »Volksbote« beherrscht. Der Italiener ist da besser versorgt.
Diese Medien haben sich nur dann sporadisch mit der Frage der Selbstbestimmung für Südtirol als eine Blattlinie befaßt, wenn spektakuläre Ereignisse die Selbstbestimmungsfrage begleiteten. Nach dem Zweiten Weltkrieg war dies vor allem in den Perioden der Gewaltanwendung (1960–1964). Aber eine eigentliche Blattlinie »Selbstbestimmung für Südtirol« gab es weder in Österreich noch in Südtirol. Im Gegenteil, manche Blätter halten die Selbstbestimmungsfrage für so utopisch, daß sie eher auf die Selbstbestimmung für Namibia einstiegen als auf die Frage der Selbstbestimmung für Südtirol. Man wird nach Analyse der Medieninhalte sagen müssen, daß die Selbstbestimmung für Südtirol, von wenigen Ausnahmen abgesehen, kein Gegenstand kontinuierlicher Befassung der Massenmedien ist.
Daher kann als Schlußfolgerung die Auffassung vertreten werden, daß die Massenmedien in Österreich die Selbstbestimmung für Südtirol nicht sonderlich gefördert haben. Die Selbstbestimmungsfrage ist von diesen Massenmedien nicht aufbereitet worden. Die Massenmedien haben keinen Boden für die Selbstbestimmung gelegt.

Zu 5: Weil weder das österreichische noch das südtirolische Volk die Geltendmachung der Selbstbestimmung – von kurzen Phasen der Jahre 1918/20 und 1945/47 abgesehen – *kompromißlos gefordert haben.* Von kurzen Phasen abgesehen, ist die Selbstbestimmung für Südtirol zu keiner Selbstbestimmungsbewegung geworden!
Da die politischen Parteien und die Politikerpersönlichkeiten eine Selbstbestimmungsforderung für Südtirol, von wenigen kurzen Phasen abgesehen, nicht vertreten haben, die Medien dieses Unterlassen durch Stillschweigen reflektierten und sie alle keine Schubkraft für die Selbstbestimmungsidee sind, ist auch die Bevölkerung, von einzelnen Zirkeln interessierter Patrioten abgesehen, der Selbstbestimmungsforderung gegenüber weitgehend gleichgültig geblieben.
Das Selbstbestimmungsanliegen für Südtirol ist nicht zum Gegenstand einer wahren Volksbewegung geworden. Nach 1945 kam es nur in wenigen Fällen zu Volkskundgebungen für die Selbstbestimmung: am 22.4.1946 in Innsbruck, wo Zehntausende die Überreichung der 130000 Südtiroler Unterschriften für die Selbstbestimmung an *Leopold Figl* bejubelten; dem folgte eine Welle von Selbstbestimmungskundgebungen in Südtirol (am 5.5.1946 in Sigmundskron) und Österreich; am 15.10.1957 fand am Rathausplatz in Wien eine Großkundgebung für die Selbstbestimmung statt, nachdem von Italien die Autonomieforderungen abgelehnt worden waren. Der Kundgebung vom 17.11.1957 auf Schloß Sigmundskron blieb der Ruf »Los von Rom« im Halse stecken. Der Gewerkschaftsbund protestierte am 27.3.1958 gegen das Pfunderer-Urteil. Die »Feuernacht« von 1961, die Anlaß genug geboten hätte, für die Selbstbestimmung auf die Straßen zu gegen, wurde hinter verschlossenen Jalousien verfolgt: Magnago hatte nichts gewußt, und Kreisky leugnete, etwas gewußt zu haben. Man hat den Eindruck, daß das eigentlich betrof-

Sondaggio Corriere-Swg su autonomia o secessione

L'altoatesino sceglie «Io resto con l'Italia»

BOLZANO — Gli altoatesini vogliono restare con l'Italia. È questo il clamoroso risultato di un sondaggio sull'autodeterminazione commissionato dal «Corriere» alla Swg Alto Adige.

Il 53,1% degli intervistati ha detto di sentirsi italiano; il 23,7 vuole l'indipendenza, il 2,8 chiede l'annessione all'Austria; la quota degli indecisi è del 20,4.

Ma all'interno di questo risultato, spicca una dato che è ancor più sorprendente e viene da come si è pronunciato il gruppo etnico di lingua tedesca: il 41,2% dei «tedeschi» sceglie infatti l'Italia, il 30 vuole un Sud Tirolo indipendente e un 24,8 non risponde o dice di essere indeciso. Solo il 4% richiede l'annessione all'Austria.

Stella e Visentini
a pagina 3

Eine Meinungsumfrage des »Corriere della Serra« vom 5.9.1991 wurde, außer in Südtirol, kommentarlos, sozusagen als Faktum, veröffentlicht.

BEFRAGUNGSGEBIET: SÜDTIROL

FRAGEGEGENSTAND: RÜCKKEHR ZU ÖSTERREICH ODER WUNSCH NACH EIGENEM STAAT

FRAGE 9: Wenn es zur Selbstbestimmung käme, möchte ich,
- daß Südtirol wieder an Österreich angeschlossen wird
- daß Südtirol ein eigener Staat wird

BEFUND:
Der Wunsch nach einem eigenen Staat Südtirol ist größer als der nach einer Rückkehr zu Österreich, es klafft zwischen beiden aber keine totale Lücke. Jeder Siebte ist sich noch unschlüssig, was er möchte.

KOMMENTAR:
Die Idee eines eigenen Staates scheint faszinierender als die Einbindung in Österreich. Das ist nach den anderen Befunden auch nicht mehr anders zu erwarten. Höher als allgemein vermutet ist aber die Bereitschaft, sich staatsrechtlich wieder in Österreich eingliedern zu lassen, trotz der Erklärungen hochrangiger österreichischer Politiker, daß man eine Rückgliederung gar nicht unterstützen würde. Der eigene Staat würde im gegebenen Falle jedenfalls als Vorstufe einen breiten Konsens vorfinden. Erst danach könnte Österreich wieder besser in den Blick rücken. Real sieht man, daß in über 60 Jahren bei Italien das Zugehörigkeitsgefühl mathematisch gesehen um jährlich ein Prozent abgenommen hat, doch darf man diesen Prozeß nicht als linear und nicht als notgedrungen schicksalshaft ansehen, wie andere Befunde verdeutlichen. Entwicklungen sind offensichtlich lenkbar.

Wenn Selbstbestimmung:	Südtiroler insgesamt	Männer	Frauen
Südtirol zu Österreich	37	43	32
eigenen Staat Südtirol	48	43	52
keine Nennung	15	14	16
Summe in %	100 %	100 %	100 %

Ihr steht das Ergebnis einer Umfrage gegenüber, die der Südtiroler Landtagsabgeordnete Franz Pahl (SVP) im Jahre 1984 über eine gleichartige Frage, nämlich die Meinung der Südtiroler zur Selbstbestimmung, angestellt hatte, und auch die Schrift Pahls *»Tiroler Einheit – jetzt«. Diese Schrift durfte in den Räumen der SVP nicht vorgestellt werden!*

fene Volk in die Rolle eines Zuschauers getreten ist und vereinzelte Bemühungen um die Selbstbestimmung mehr oder minder interessiert verfolgt, aber keine wie immer gearteten Opfer für dieses Grundrecht der Völker zu bringen bereit ist.

Zu 6: Weil verschiedene Umstände die Selbstbestimmung für Südtirol zu einem so komplexen Problem gemacht haben, das in einer Fremdenverkehrs-, einer modernen Industrie- und Informationsgesellschaft unbeweglich, obwohl für sich dynamisch, geworden ist, und man den Komplex Südtirol als solchen in Richtung Selbstbestimmung nicht vom Fleck zu rühren imstande war.
Die Selbstbestimmung für Südtirol beherrscht nicht die südtirolische Gesellschaft. Auch wenn die Selbstbestimmungsfrage vereinzelt da und dort in der einen oder anderen Versammlung geäußert werden mag, so wird sie nicht mehr als Existenzfrage für Land und Leute angesehen und empfunden.
Den *Wirtschaftstreibenden* geht der Absatz ihrer Waren vor Selbstbestimmung;
die *Gastwirte und Hoteliers* versuchen ihre Gast- und Fremdenzimmer voll zu bekommen, jede Selbstbestimmungsbewegung wäre hier nur hinderlich, weil sie notwendigerweise Unruhe mit sich brächte;
die *Angestellten und Arbeiter* haben, so meinen sie, mit und ohne Selbstbestimmung ihr Auskommen, das um vieles besser ist als 30 Jahre vorher (»Es geht uns ja gut«);
die *Kirche* sucht die Versöhnung der Volksgruppen zu erreichen, dafür kann die Selbstbestimmung ein Spaltpilz sein, weil sie auf den ersten Anhieb keinen Frieden bringen kann;
die *Schule und die Lehrer,* vor allem die 68er, vermögen nur schwer das für die Ausübung der Selbstbestimmung so notwendige Geschichtsbild und Geschichtsverständnis

herzustellen; die Themen der Matura sind weit davon entfernt, Schüler auf die Bedingungen der Selbstbestimmung außerhalb des Entkolonialisierungsprozesses hinzuführen;
die *Generationen im städtischen Bereich* leben als ethnisch gemischte Bevölkerung in den größeren Ballungsräumen, in denen das Italienische ebenso gültig ist wie das Deutsche; es mag im ländlichen Raum anders sein, dort aber lebt nicht die Mehrheit;
dem *Künstler* ist jedes völkische Motiv ein antiquierter »alter Hut«;
den *Studierenden* ist die Selbstbestimmung ein anrüchiger, oft lächerlicher Anachronismus;
die *heimatbewußten Schützen* müssen ihre Existenzberechtigung ohne Wehr und Waffen gegen das Folkloristische behaupten, das ihrer Tracht für den Außenstehenden eigen sein mag (die Nordtiroler Schützen hatten für die Großveranstaltung am Brenner vom 15.9.1991 »Uniformverbot!);
für den *Intellektuellen* ist es nicht schick, in einer Zeit, die so sehr auf Integration des Internationalen und auf Happenings aus ist, als »Selbstbestimmler« dazustehen, der von den Massenmedien in die rechte Ecke gedrängt wird;
für den *deutschen Urlauber* ist Südtirol längst nicht mehr »bedrohtes Volkstum« mit Burgen, Kirchen und alten romantischen Bauernhöfen, sondern Italien; und gar manche Touristen mögen Genugtuung empfinden, selbst Ortsnamen auf italienisch zu artikulieren. Das Deutsche wird in den öffentlichen Ämtern trotz des Gebotes der Zweisprachigkeit vermieden, weil man so rascher sein Begehren erledigt sieht;
die *Toponomastica als Erbe Tolomeis* berühren die Menschen nicht mehr, man findet auch ohne deutsche Aufschriften oder gleichgültig, ob sie an erster oder zweiter Stelle stehen, nach Hause;
die in Südtirol ansässigen Menschen italienischer Zunge

haben mit dem »germanischen« Lebens- und Kulturbereich nichts oder wenig zu tun.

Die *Monumente des Faschismus* und des italienischen Imperialismus sind zum Teil demontiert, wie das Standbild des Duce vor dem Elektrizitätswerk in Waidbruck oder der zu den schneebedeckten Gipfeln der Zillertaler Alpen spähende Alpini in Bruneck, zum Teil bestehen sie noch: das Liktorenbündel auf verborgenen Postkästchen, das herausfordernde Siegesdenkmal mit seinen imperialen Aufschriften; es erregt die Gemüter landaus, landein nicht; demonstrierende Schützen und Patrioten werden eher als nationale Fossile betrachtet denn als Repräsentanz des Volkes; das Duce-Relief auf dem Bozener Finanzamt.

So gibt es zahlreiche Elemente, die die Selbstbestimmung als Teil eines Komplexes erscheinen lassen, in dem die Opfer, die für die Selbstbestimmung an Leib, Leben und Gütern tatsächlich erbracht worden sind, weithin unbekannt bleiben. Wenn heute zaghaft auch namhafte Politiker – wie *S. Magnago,* der Volksführer – die Gewaltanwendung der Jahre 1960 bis 1964 als »einen bedeutenden Schritt zur Erreichung einer besseren Autonomie« ansehen, so verstehen die heute Dreißigjährigen weder den Sinn dieser Gewaltanwendung, noch ermessen sie die Folterungen. Sie sind für einige Monate als Praxis der Karabinieri und der Celeri – heute wird man auch sagen müssen der »Gladio« – in Kasernen und Gefängnissen Südtirols zur Verwaltungspraxis geworden. Ihnen gegenüber hat die Weltöffentlichkeit weitgehend Stillschweigen bewahrt.

Es müßte ein gewaltiges Ereignis einsetzen, um diesen amorphen Komplex der südtirolischen Gesellschaft seiner Geschichts- und Gesichtslosigkeit zu enttarnen und erneut in die Richtung der Selbstbestimmung zu bewegen. Die Komplexität des gesellschaftlichen Daseins in Südtirol spricht also gegen die Ausübung des Selbstbestimmungsrechtes in Südtirol. Die Zeit arbeitet für Italien, damit ar-

beitet sie gegen die Selbstbestimmung. Ich bin überzeugt, daß selbst eine gewaltlose Selbstbestimmungsbewegung in Südtirol die italienische Regierung sich nicht scheuen ließe, die Armee und die Karabinieri einzusetzen.
Zögernde Außenpolitik, zurückhaltende Politiker, wetterwendische Massenmedien, Volksschwäche, die Reserviertheit internationaler Organisationen einschließlich der auf Staaten gründenden EG, die Zurückhaltung der Schutzmacht, die Komplexität einer anarchistischen Fremdenverkehrs- und Industriegesellschaft sind keine Verstärkereffekte für die Selbstbestimmung in Südtirol. Selbstbestimmungsrecht für Südtirol ist eine »lex imperfecta«. Es ist kraftloses Recht, es ist ein »nudum jus«. Es aus diesen Bedrängnissen zu befreien, wäre eine politische Aufgabe.

Zu 7: Weil die Frage der Selbstbestimmung nicht eine ethnisch homogene Bevölkerung, nämlich die Deutschösterreicher (Ladiner), allein betrifft, sondern alle Einwohner des Gebietes, also auch die Bewohner italienischer Abstammung, und die daraus folgende Unsicherheit die Verantwortlichen mutlos macht.
Die Frage der ethnischen Zusammensetzung Südtirols stellt für den Fall der Ausübung des Rechtes auf Selbstbestimmung ein Problem dar. Wäre Selbstbestimmung im Zeitpunkt der Okkupation und Annexion Südtirols durch Italien in den Jahren 1918 bis 1920 gewährt worden, so hätte sie ein homogen besiedeltes Territorium betroffen. Selbstbestimmung heute betrifft jedoch eine Bevölkerung, die zwar künstlich durch italienische Helfer in das Verhältnis von zwei Drittel Deutschösterreicher (Ladiner) und ein Drittel Italiener gebracht wurde, aber dennoch ein Faktum ist. Die Erfahrungen mit der Ausübung des Selbstbestimmungsrechtes durch Abstimmung lehren, daß im Falle gemischtsprachig besiedelter Gebiete die abstimmungsberechtigte Bevölkerung nach Generationen geschichtet und

nach Aufenthaltsdauer im fraglichen Gebiet gegliedert wird. Oft stehen diesbezügliche maßlose Forderungen ausgleichenden gegenüber. Keine wurde heute in bezug auf Südtirol erhoben. Protagonisten schrecken vor Unsicherheiten zurück: Wie könnten sich »die anderen« (S. 83), wie die Italiener entscheiden? In jedem Fall würde der Minderheitenstatus der einen bekräftigt oder ein neuer begründet. Allerdings könnte Österreich, falls man sich für Österreich entschiede, auf Volksstämmeschutzsysteme der Zeit vor 1918 zurückgreifen, die von *R. Schober* für Tirol plastisch nachgezeichnet worden sind. Danach würden die Italiener ihrer Identität nicht verlustig gehen können. Aber die Existenz des beschriebenen Problems mag in den Augen mutloser Politiker deren Mutlosigkeit noch erhöhen.

3
Statt Selbstbestimmung Autonomie im italienischen Staatsverband

Daß Tirol ein Paßland ist, haben alle erkannt, die vom Norden nach dem Süden wollten: die deutschen Herrscher, die Kirchenfürsten, die Heerführer, bedeutende Dichter, die über die Alpen zogen. Sie alle erkannten, daß Tirol von Kufstein bis Salurn ein einheitliches Land nach Sprache, Kultur, Bauwerken, landschaftlicher Struktur war. Die Schlösser, die Anwesen, die Gehöfte, die Kirchen, sie glichen diesseits und jenseits des Brenners einander, ja sie gleichen auch heute noch einander. Die zivilisatorischen Einbrüche in das natürlich Gewachsene, auch sie sind gleichartig.

Um diese natürlich gewachsene, seit Jahrhunderten gewachsene Landeseinheit kümmerten sich die Strategen und Imperialisten nicht. Der Brenner schien als eine strategische Grenze gegen den deutschen Norden allzu bedeutsam. Das offizielle Italien hat nach seinem *Risorgimente im Jahre 1861* diese Grenze am Brenner noch nicht gefordert, hingegen sollten die »unerlösten Gebiete« österreichischer Fremdherrschaft entrissen werden. Napoleon III., der seine imperialen Wünsche und seine imperiale Bedeutung auch durch ein modernes Nationalstaatsdenken zum Ausdruck brachte, hatte sich zum Fürsprecher italienischer Einheit gemacht. Ihm gehöre in einem Europa, das die Schlagworte »Nation und Verfassung« auf seine Fahnen geschrieben habe, die Zukunft. In seinen »Idées napoléoniennes« hat er allen Völkern, auch dem italienischen, das Recht zuerkannt, eigene Nationalstaaten zu bilden. Am 9.

Februar 1859 erschien die Broschüre »Napoléon III et Italie« von *La Guéronnière:* Österreich sei an allem Übel in Italien schuld, es habe aus Italien zu verschwinden, und wenn es nicht freiwillig gehe, müsse Gewalt angewendet werden. Am 19.4.1859 forderte Österreich Sardinien-Piemont auf, abzurüsten, andernfalls die österreichische Armee diese Aufgabe erzwingen werde. Das Ende der so blutigen Auseinandersetzung war das *Gespräch zu Villafranca bei Verona* am 11.7.1859. Die Lombardei war abgetreten worden. Der Frieden zu Zürich legte die Grundlage für die Einigung Italiens, die Lombardei wurde italienisch, und die Toskana. Parma, Modena und die Romagna schlossen sich durch Selbstbestimmung Sardinien-Piemont, Emanuel II., an. »Italia farà de sè«, Italien werde es allein fertigbringen, sich zu befreien und zu einigen, auch ohne den Bonapartisten. Dabei, nämlich für die nächsten Schritte, kamen Italien die Preußen Bismarcks zu Hilfe. Am 8. April 1866 schlossen Preußen und Italien ein Militärbündnis, das sich gegen Österreich richtete. Der Rücken Bismarcks gegen Frankreich war frei; Italien wollte er als Verbündeten gegen Österreich haben. Das konnte nur ein Profit für Italien sein. Nach dem Blitzkrieg gegen Österreich, der 1866 in der Schlacht bei Königgrätz endete, fiel auch für Italiens Reichserweiterung ein Stück ab. »Julisch-Venetien« wurde italienisch. Aber noch immer gab es »unerlöste« Gebiete: Welschtirol, das Trientinische, war ein solches Gebiet. Auf dieses zielten die nationalistischen Verbände. Die italienischen Regierungen stimmten in deren Chor damals noch nicht ein. Italien setzte sein Bündnis mit Preußen so fort, daß es nach dem Herauswurf Österreichs aus dem Deutschen Bund, vom deutschen Reichskanzler Bismarck intiiert, in einen Freundschaftsvertrag mit dem Deutschen Reich und Österreich-Ungarn eintrat. Man konnte meinen, ein Freundschaftsvertrag beinhalte auch die Anerkennung der Staatsgrenzen. Das ist Illusion, denn

auch Freundschaftsverträge haben nur temporäre Bedeutung.
Nach dem Beginn des Ersten Weltkrieges im August 1914 schwollen die Kabel und Schriftstücke an, die zwischen Österreich und Italien, dem Freund des Bündnisses, ausgetauscht worden sind. Es ging um offene und versteckte Forderungen, die die noch immer nicht erlösten Gebiete, nämlich das Welschtirol, betroffen haben. Dabei ist das Welschtirol, das mit dem Deutschtirol eine Einheit gebildet hatte, nicht geknechtet worden. Die österreichische Nationalitätenpolitik war im 19. Jahrhundert weise genug, den Nationalitäten Entwicklungsraum, Identitätsgewinnung und -erhaltung, Autonomie und Mitbestimmung zu geben, alles das, was man heute von einem modernen europäischen Volksgruppenrecht fordert. *K. G. Hugelmanns* imposantes Werk über das Nationalitätenrecht des alten Österreich hat den Rahmen desselben imponierend genug festgehalten. *R. Schober,* der Innsbrucker Historiker, hat in seinen Forschungen über die tirolischen Einrichtungen sehr deutlich gemacht, welches Tor Innsbruck Trient geöffnet hatte, um an der demokratischen Ausgestaltung Gesamttirols mitzuarbeiten. Die österreichische Verwaltungsreform der Jahre 1862 und 1868 mit ihren demokratisch-rechtsstaatlichen Grundlagen – dem Reichsgemeindegesetz, dem Reichsgesetz über die politische Verwaltung, den Landesordnungen, dem modernen Reichsvolksschulgesetz, dem Tiroler Höferecht (1900) – war eine legistische Großtat, um einer ganzen Region Selbstfindung zu geben. Welschtirol (Trient) verweigerte sich jedoch dem *demokratischen Gespräch.* Also, obwohl Welschtirol im Rahmen der Gegebenheiten vor fast einem Jahrhundert eine ebenso autonome Stellung wie heute Südtirol gehabt hatte, wurde die italienische Forderung nach österreichischen Grenzen entlang der Sprachlinie im Jahre 1914/15 unüberhörbar. Irredentistische Märtyrer sind von Öster-

reich geschaffen worden. *Claus Gatterer* hat sich dieser Problematik angenommen und zum Fragenkomplex der *Battistis* Bedeutsames ausgeführt. *Cesare Battisti* – ein ehemaliger sozialdemokratischer Reichsratsabgeordneter (1911) und Tiroler Landtagsabgeordneter (1914) – war für die Brennergrenze, er desertierte und wurde nach Gefangennahme (10.7.1916) in abstoßender Weise hingerichtet, nachdem Österreich seine Amnestierung abgelehnt hatte. Der imperiale Knalleffekt war aber die Abwendung Italiens vom österreichisch-ungarisch-deutschen Bündnis und die ultimative Forderung Italiens, daß auch Tirol bis zum Brenner italienisch werden sollte, wenn Österreich-Ungarn nicht bereit wäre, »Kompensationen« zu leisten. Die Haltung Österreichs beantwortete Italien mit dem Austritt aus dem Bündnis der Mittelmächte (3.5.1915), mit der Kriegserklärung an Österreich (23.5.1915), nachdem man zunächst Bozen in den Grenzen von 1811 verlangt hattte und mit der *Forderung nach der Brennergrenze.* Der italienische König erklärte am 27.5.1915: »Euer wird der Ruhm sein, Italiens Trikolore auf den heiligen Punkten aufzupflanzen, auf denen die Natur die Grenzen unseres Vaterlandes gezeichnet hat.« Daß dies Italien von den alliierten Mächten England, Rußland und Frankreich für den Fall des Sieges über die Mittelmächte zugestanden wurde, erfuhr man erst später, als der sogenannte *Londoner Vertrag* das Licht der Öffentlichkeit erblickte. In diesem Vertrag vom 26.4.1915 wurde Italien u. a. die Brennergrenze zugestanden, zudem alle Gebiete, die es als erlösenswert ansah.

Als eine Art Querschläger zu dieser Geheimabmachung – eine ähnliche war auch gegen Ungarn gerichtet, die von den Alliierten mit Rumänien abgeschlossen wurde und die Politik Napoleons III. auf republikanischer Ebene fortsetzte – ist Wilsons Ideengut auf den Plan getreten. *W. Wilson,* Havard-Professor und später US-Präsident, dessen

Psychogramm von keinem Geringeren als *Sigmund Freud* mit angelegt worden war, meinte, die Vorstellungen Napoleons III. fortsetzen zu sollen: kein Frieden ohne Selbstbestimmung der Völker. Damit meinte er die Völker der österreichisch-ungarischen Monarchie. Selbstbestimmung als Ergebnis des Friedens war eine der amerikanischen Zielsetzungen, kein strategischer Frieden und keine Neuordnung von Gebietszugehörigkeiten, wie sie *Sir Percy Cox* in Arabien verfügt hatte. Das war also ein Querschläger gegen die kontinentale Machtpolitik, offenbar nicht anerkennend, daß Macht und nicht Gerechtigkeit das bestimmende Element des Völkerfriedens ist. Würde dieser »Querschläger« überall Beachtung gefunden haben, dann würde die Nachkriegsordnung 1919 anders ausgesehen und manches Völkerschicksal einen anderen Verlauf genommen haben.

Im Falle der Brennergrenze und damit Südtirols hat der Querschläger *Wilson* nicht durchgeschlagen; er folgte dem Machtspruch der anderen Alliierten. Dieser war im Endergebnis um vieles entscheidender als das Scheitern *Wilsons* in den Kammern seines Parlamentes und das Nein der amerikanischen Abgeordneten und Senatoren zu den Friedensverträgen von Versailles und St. Germain.

Ich habe in meinem Buch zur Erinnerung anläßlich der Unterzeichnung des Friedensvertrages von St. Germain im Jahre 1919 (»Der unbewältigte Friede«, Wien 1989) an die Erblasten dieses Vertrages erinnert und dabei auch die *verzweifelten Bemühungen Österreichs und Tirols* nachgezeichnet, für Südtirol dennoch die Ausübung des Selbstbestimmungsrechtes zu erwirken. Man kann, wenn man die Ereignisse überblickt, sagen, daß (Deutsch)Österreich alles in seiner damaligen rechtlichen Macht Mögliche getan hat, um Südtirol für Österreich zu erhalten – und dennoch dem italienischen Wunsche nach der Erlösung seiner von der italienischen Nation besiedelten Gebiete kei-

nen Widerstand entgegengesetzt hat. Die gesamte tirolische Intelligenz, die Wissenschaft und die Politik Tirols haben sich gemüht, die fremden Diplomaten vom Rechte Tirols zu überzeugen. Sie haben Memoranden und Denkschriften verfaßt, sie haben bis in die letzte Gemeinde Tirols das Volk von Tirol mobilisiert, für die Einheit Tirols ihre Stimme zu geben. Alles, was dann von Wiener und Tiroler Seite nach dem ergebnislosen Ausgang der Bemühungen für Südtirol noch erfolgte – parlamentarische Anfragen, Erklärungen, die Sammlung von Patrioten zu Vereinigungen, die Brücke hinein nach Südtirol zu schlagen –, waren Nachwehen. Jede patriotische Südtirolpolitik ist schließlich von der Hitlerschen Politik – sie kann fast als eine Fortsetzung der Politik Bismarcks gegenüber Italien unter Preisgabe österreichischer Anliegen angesehen werden – völlig zunichte gemacht worden. Fast schien das Ende Südtirols durch Hitler, den Großdeutschen, den »Volksverbundenen«, in der sogenannten Berliner Vereinbarung vom Juni 1939 gekommen zu sein: Südtirol tatsächlich als Volk, als Kulturraum, als geschichtliches Zeugnis der Einheit Tirols zu löschen. Südtirol kam als Produkt faschistischer Machtpolitik unter die Räder der Achse!
Südtirol wurde ab 1920 italienisches Territorium, zunächst nach savoyardischen Grundsätzen geordnet, und ab 15.1.1927 eine Provinz nach faschistischen Verwaltungsprinzipien. Keine Selbstverwaltung mehr, das ist der Kernsatz, nach zentralstaatlichen Direktiven verwaltet – ein neues Wappen wurde aus fünf Vorschlägen ausgewählt. Aber nicht nur das, der italienische König konnte seine Versprechungen nicht wahr machen, daß die neuen Italiener, die 180000 Deutschösterreicher, ihre kulturelle Eigenart bewahren können. *Mussolini* behandelte die Deutschen Südtirols schlechter als *Masaryk* und *Benesch* die annektierten Sudetendeutschen: nicht als geschützte Minderheit, sondern als einen verlorenen italienischen Stamm,

der wiederum heimgeführt werden sollte – nach Jahrhunderte währenden Interregnums. Das bildete sich der Faschismus ein. Das beste Symbol dieser Einbildungskraft ist das in Bozen jenseits des Talferflusses errichtete Siegesdenkmal, auf dem noch immer die anmaßenden Verse faschistischer Großmachtpolitik geradezu unangefochten in großen Lettern zu lesen sind: »Von hier haben wir den anderen Sprache, Gesetze und Kunst beigebracht« (»Hinc ceteros excalnimus lingua, legibus, artibus«).

Ein Denkmal, vor dem sich Schwarzhemden diesseits und jenseits des Brenners – die Faschisten und die SS-Leute – die Hände reichten.
Die *Politik des faschistischen Italien* verbannte die deutsche Sprache weitgehend aus dem öffentlichen Leben, die Aufschriften in Ortschaften, auf Straßen, die Flurnamen wurden durch offiziell italianisierte Namen ersetzt, die ein Nationalist großer Klasse, *E. Tolomei,* in mühsamer Arbeit fabrizierte und die auch heute noch immer das Sprachbild des Landes mitbestimmen. Grabinschriften hatten auf italienisch abgefaßt zu werden, auch das ist heute noch erkennbar. Der Unterricht in der deutschen Muttersprache verschwand aus den Schulen. Die Südtiroler Parlamentarier haben ihre Mandate im römischen Parlament mit allen Abgeordneten demokratischer Parteien verloren. Und die Bevölkerung litt; manche Persönlichkeiten könnten heute als die Helden ihres Volksstammes gegen faschistische Unterdrückungspolitik gefeiert werden – *Innerhofer, Noldin, Reut-Nicolussi, Cosman Demetz.* In unseren Breiten ist man so zurückhaltend geworden, daß dies nicht einmal mehr hinter vorgehaltener Hand gesagt wird.
Als »kleiner Held« war das Büblein zu sehen, das einen Dichter inspiriert hatte:

Der kleine Held

War kein Morgengruß, kein schöner,
den die Lehrerin entbot,
»Kinder« – rief sie – »Italiener,
hoch das Banner Grün-Weiß-Rot.

Zu Tirols bescheidnen Farben
Weiß-Rot hat das Grün gefehlt;
Niemand muß im Lande darben
seit die Farben sich vermählt.

Und so drückt, gelobend Treue
dem geliebten Vaterland,
dankerfüllt, in frommer Weihe
Einen Kuß auf dieses Band.«

Und sie legte die Trikolore,
schön entfaltend, auf den Tisch,
spricht dazu – Musik im Ohre –
Worte süß, verführerisch …

Doch Tiroler Bauernkinder
saßen nie so mäuschenstill –
trutzig pressen sie die Münder,
keins die Fahne küssen will.

Und kein Schelten hilft, kein Strafen:
Mittags läßt man sie nicht aus –
doch sie hungern gern und schlafen
nachts ja doch im Vaterhaus –

Bis auf eines. Bleiben mußt' es
in der Schule über Nacht,
weil es ein zu selbstbewußtes,
finsteres Gesicht gemacht.

Doch was schert's den wackern Jungen.
Auf der Bank auch schläft sich's gut.
Morgens ist er aufgesprungen –
Weiße Berge rings in Glut …

Kommt das Fräulein, möchte wissen,
ob der Junge sich besann;
»Willst du jetzt die Fahne küssen,
Trotzkopf du?« herrscht sie ihn an –

Doch der kleine Widersacher
kann sich nicht dazu verstehn:
»Tuats das Greane weg und nachher,
nachher, moan i, kunnts schon gehn.«

Johann Boers

(Aus dem Nachlaß meiner Tante Rosa Ermacora)

All das mag aufs Gefühl einwirken; auch verlorene Sprache kann von neuen Generationen erhalten werden, und um italienische Aufschriften zu ändern, bedarf es nur des Federstriches und der Druckmaschine. Hingegen das, was das Südtirolproblem eigentlich ausmacht, ist in einer zivilisierten Welt, die sich zu humanistischen Grundsätzen durchgerungen hat, die keine Geiseln nimmt und nicht mit dem Tod von Menschen droht, die nicht gegen die Menschenrechte handeln will, praktisch irreversibel geworden: Die Vertreibung ist durch die Hitlersche Politik faktisch nicht gelungen, und die Welt hat im Jahre 1946 auch nicht das Modell der Benesch-Lösung einer Minderheitenfrage durch Vertreibung der Südtiroler gutgeheißen. Die Optanten durften nach hartem Verhandlungsringen zurückkehren. Aber Mussolini und das Nachkriegsitalien haben aufgrund der Ideen der italienischen Nationalisten ein anderes Mittel ersonnen: die Einwanderung von Italienern in den von Südtirolern seit Jahrhunderten kultivierten Lebensraum!

Die *faschistische Industriepolitik* lieferte dazu Vorwand und Mittel. Im Agrarland Südtirol wurde um die Provinzhauptstadt Bozen – seit dem Mittelalter eine Handelsstadt, ganz in den Baulichkeiten Tiroler Städte, mit den Lauben, den alten Kirchen, den Marktplätzen – eine Industriezone errichtet, die Arbeitsplätze schuf. Auf diese Arbeitsplätze wurde in die rein deutschen Siedlungs- und Sprachgebiete eine rein italienische Bevölkerung gesetzt, die binnen kurzer Zeit das italienische Bevölkerungspotential verhundertfachte: Aus 7000 Menschen italienischer Sprachzugehörigkeit entsprechend der Volkszählung 1910 sind innerhalb weniger Jahre 80000 Italiener geworden. Die Provinzhauptstadt Bozen hat so über Nacht eine italienische Mehrheit erhalten, die Stadt hat ihr Erscheinungsbild baulich und bevölkerungsmäßig total verändert. Wer heute auf der Autobahn Richtung Modena an Bozen vorbeifährt und Land und Leute nicht kennt, würde nicht meinen, daß diese Stadt vor 70 Jahren noch das Bild der Städte Nordtirols getragen hat. Wäre diese Zuwanderung nicht geschehen, dann wäre heute die Südtirolfrage das Problem einer geschlossen siedelnden deutschösterreichischen (ladinischen) Volksgruppe, getrennt vom Mutterland, in einem fremden Staatsverband. Einer Volksgruppe, der man nach europäischem Ermessen Menschen- und Minderheitenschutz zu gewähren hat und deren Selbstbestimmung nur den Südtiroler betreffen würde.

Amtliche Volkszählungen sind im Österreich der Monarchie – also auch für Südtirol – seit 1881 im Abstand von zehn Jahren durchgeführt worden. Diese Praxis wurde von Italien nach der Annexion Südtirols weitergeführt. *W. Freiberg (Dr. K. Heinricher)* analysiert sie in seinem Werk

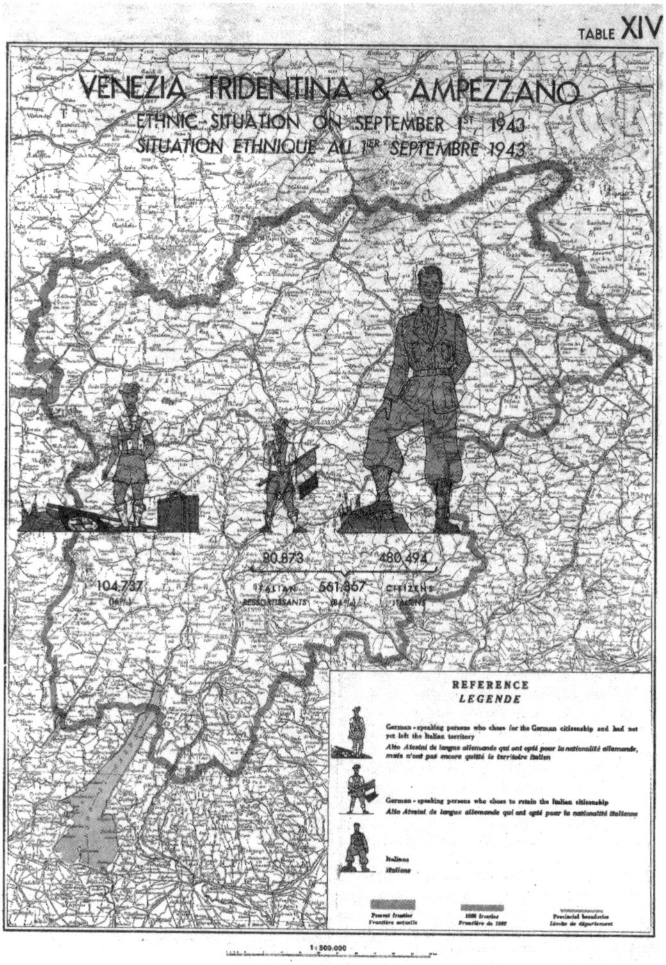

Schematische Darstellung der Bevölkerungsverhältnisse im Jahre 1943: ital. Bevölkerungsteil, deutschsprachige Bevölkerung, die für Italien optiert hat, und deutschsprachige Bevölkerung, die für Deutschland optierte (Italienische Graphik).

(Schlernschriften 282/1, 1989) genau (S. 145 ff.). Im deutschen Sprachgebiet Südtirols sind 1910 220646 Menschen mit deutscher Umgangssprache gezählt worden, 6695 waren Personen mit italienischer und ladinischer Umgangssprache. Dazu kamen 6500 italienische Staatsangehörige. Die italienische Propaganda, die seit 1890 den Brenner als politische Scheidewand propagierte – ihr Wortführer *Tolomei* –, legte nahe, daß es in Südtirol zu dieser Zeit 150000 Deutsche – er nannte sie »Fremde« – und 40000 Italiener und Ladiner gab. So stempelte die nationalistische Propaganda der Italiener schon damals Südtirol zu einem gemischtsprachigen Territorium. Mit diesen Zahlen ging Italien auch in die Friedensvertragsverhandlungen mit den Alliierten, um *Wilson* zu überzeugen.
Die italienische *Volkszählung* von *1921* wies 123271 Deutsche, 9910 Ladiner und 27048 Italiener aus (dazu zählte man auch die Heeresangehörigen), nachdem man »revidiert« hatte, waren es 200000 Deutsche, 9910 Ladiner und 15000 Italiener, die in Südtirol lebten.
In der *Volkszählung* von *1931* und von *1936* wurden keine Sprachzählungen durchgeführt. Interne Berechnungen ergaben 195177 Deutsche und 65503 Italiener.
Am 23.6.*1939* standen 233000 Deutsche 84000 Italienern gegenüber. Nach der deutschen Besetzung wurde am 1.12.1943 eine Volks- und Sprachzählung durchgeführt. Hier standen sich – unter Bedachtnahme auf den Abgang der Optanten – 186932 Deutsche und 104740 Italiener gegenüber.
Anläßlich der Pariser Friedensvertragsverhandlungen (1946/1947) erfolgte von italienischer Seite wiederum der Rückgriff auf *Tolomeis* Sprachzahlen.
Die Volkszählungen von *1961* und *1971* ließ die Wohnbevölkerung Südtirols erneut steigen: 232717 Deutsche standen 128271 Italienern im Jahre *1961* gegenüber, 260351 Deutsche standen 137759 Italienern im Jahre *1971* gegenüber.

1981 stieg die Anzahl der Deutschen auf 279 544 (der Ladiner auf 17 736), den Italienern war eine Abnahme auf 123 695 beschieden.
Die Anzahl der Italiener ist also von rund 7000 Menschen im Jahre 1910 auf 123 695 im Jahre 1991 gestiegen. Unter ihnen befinden sich die »Arbeitermassen« und deren Nachfahren, die von Mussolini und nachher in das Land dirigiert worden sind.
Aber so ist Südtirol durch diese Unterwanderung, die der Faschismus zwischen 1923 und 1939 grundgelegt hat, ein Gebiet geworden, auf dem deutsche (ladinische), italienische und unbestimmte Bevölkerungspartikel leben. Eine Konglomeration von Bevölkerungsethnien, wie wir sie etwa in Siebenbürgen (Transsylvanien) und in der Tschechoslowakei finden, wo eine ähnliche wie die faschistische Politik unangefochten den *»Volkstod durch Unterwanderung«* erzeugen konnte. Das ist die Grundlage dafür, daß das Südtirolproblem zu einem Problem europäischen Gewissens wird bzw. geworden ist.
Der »Volkstod durch Unterwanderung« war das eigentliche faschistische Verbrechen. Dieses hätte es gutzumachen gegolten. In den Jahren 1945, 1946, 1947, als das imperiale Gehabe Italiens in den Schlachten um Messina, Cassino, in Rom, in Mailand, am Gardasee mit den Leichen der faschistischen Führer, die menschenunwürdig wie »Menschenbestien« behandelt und zur Schau gestellt worden sind, sein Ende gefunden hat.
Österreich, von Südtirolern und von Tiroler Patrioten, unter denen *Reut-Nicolussi, O. v. Guggenberg, Tinzl, Gamper* hervorragen, und dem österreichischen Außenminister *K. Gruber* – damals noch Landeshauptmann für Tirol – angeführt, ist es trotz einer deplorablen Nachkriegslage gelungen, die *Südtirolfrage* zu einer nationalen österreichischen *Frage und zu einer Frage des italienischen Friedensvertrages* zu machen. Die Alliierten haben nach den

Potsdamer Beschlüssen vom August 1945 rasch gehandelt, um mit den Achsenfreunden – Bulgarien, Rumänien, Finnland, Ungarn – Frieden zu schließen. Auch mit dem Hauptpartner der Achse sollte Frieden geschlossen werden. Der italienische Friedensvertrag, von London ausgearbeitet, war der Mustervertrag. In keinem der Friedensverträge sind die Minderheitenprobleme, die in Ungarn, in Finnland, in Rumänien, in Bulgarien existieren, zu Ende diskutiert worden. Es hatte zahlreiche Anträge und interessante Formulierungsvorschläge gegeben. Man begnügte sich aber mit neuen Menschenrechtsklauseln, die das Vorbild für die spätere Minderheitenpolitik der UN werden sollten. Der Minderheitenschutz war damals out, die Zwischenkriegserfahrungen und die Lösung von Minderheitenfragen durch Austreibung der Deutschen aus ihrer angestammten Heimat schienen es nicht ratsam zu machen, neuerlich ein Wagnis mit einem eigentlichen Minderheitenschutzsystem einzugehen. Das peripherische Australien machte gar den Vorschlag, einen europäischen Menschenrechtsgerichtshof einzusetzen, der die Einhaltung der Menschenrechte in Europa prüfen sollte!
Das Österreich der zweiten Republik hat die Forderung nach Selbstbestimmung für Südtirol erhoben, unterstützt durch die am Ende der Feindseligkeiten des Krieges begründete Südtiroler Volkspartei, unterstützt durch das Votum des frei und neu gewählten österreichischen Nationalrates, wobei hier der Innsbrucker Professor *Franz Gschnitzer* der Hauptsprecher war und die Parlamentarier sowie die Galerie in das Bekenntnis für die Selbstbestimmung für Südtirol tosend eingefallen sind, aber auch unterstützt durch die Volksmassen selbst, die für Südtirol auf die Straßen gegangen sind. Geschichte und politische Wissenschaft haben längst klargestellt, daß die Alliierten dem berechtigten und moralisch vertretbaren, juristisch nicht anfechtbaren, politisch durch die Atlantik-Charta

1941 vorgezeichneten Wunsch nicht Rechnung getragen haben. Ich möchte mich hier in die Streitfrage nicht einlassen, ob es das Versagen einer schwächlich besetzten österreichischen Delegation bei den Pariser Vorgesprächen oder eines schwachen Außenministers gewesen ist, dem zuwenig Gewicht beigemessen wurde, oder ob es die Kunst der italienischen Diplomatie war, die die Alliierten in der Südtirolfrage auf Italiens Seite treten ließ? Jedenfalls wurde für Südtirol Selbstbestimmung nicht gewährt. Eine Reihe von Forschungsarbeiten hat den Zeitraum der Anstrengungen Österreichs um Südtirols Selbstbestimmung durchleuchtet *(Fontana, Ermacora, Golowitsch, Steininger)*. Daß Österreich im Jahre 1946 weder durch Gruber noch durch die österreichische Regierung oder das Parlament auf das Selbstbestimmungsrecht der Südtiroler ausdrücklich verzichtet hat, ist eine politisch bedeutende Tatsache. Man sollte sich daran immer erinnern, auch wenn sich heute Österreich, das offizielle Österreich, dieser Begebenheiten des Jahres 1946 nicht mehr entsinnen mag. Wie Österreich die Vertretung des Selbstbestimmungsrechtes im Jahre 1946 aus der Hand gewunden wurde – wahrscheinlich kraft der Situation der Zeit (Österreich war nur ein teilsouveräner Staat unter alliierter Besatzung) und wahrscheinlich deshalb, weil die die Politik beherrschende Konzeptlosigkeit ausschlaggebend war –, soll hier nicht weiter erörtert werden. Das ist vor allem in dem als nationalistisch geschmähten – vor allem von Historikern, die keine Sachargumente gegen Fakten vorbringen konnten – Werk von *Golowitsch/Fierlinger* geschehen.

Daß die Selbstbestimmung für Südtirol nach 1945/46 kein ernsthaftes Anliegen des Volkes selbst war, nicht so wie der 9. November 1989, der »Deutschland einig Vaterland« zu einem Fanal des deutschen Volkes werden und die Staatskanzleien erzittern ließ, ist ein anderes Kapitel der Enttäu-

schung in der Südtirolfrage »als eine Frage europäischen Gewissens«.
Aber dennoch keine ganz leeren Hände! Die Ironie der Geschichte will es, daß auf der Gegenseite der Österreicher ein Altösterreicher als Politiker, *Alcide Degasperi,* stand. Er war gar altösterreichischer Reichsratsabgeordneter aus dem Welschtirol im Haus am Ring. Auch hier hat es die Geschichtswissenschaft nicht ganz klargestellt, auf wessen Initiative die Idee geboren wurde, für Südtirol eine Art Autonomie zu gewähren. Jedenfalls haben sich die Vertreter Italiens und Österreichs unter Mithilfe ausländischer Delegationen (das habe ich durch die Herausgabe des Berichtes der Südtiroler Verhandlungsdelegation in Paris sichtbar gemacht) zusammengefunden, in einem Sondervertrag die Frage Südtirol zu behandeln und »zu lösen«. Dieser Sondervertrag, der als »Pariser Abkommen« oder spezifischer als *»Gruber-Degasperi-Abkommen«* bekannt ist, ist Teil des italienischen Friedensvertrages geworden.
Wenn man diesen Vertrag in seinem Wortlaut nimmt, dann könnte er in der Tat als die europäische Lösung eines europäischen Minderheitenproblems angesehen werden: Italien gewährt das, was der italienische König Emanuel III. im Jahre 1919 versprochen hat und was den Sudetendeutschen im Jahre 1919 nicht einmal versprochen worden ist.
Der Vertrag, der nach allen Seiten hin untersucht worden ist, enthält in seiner Zielbestimmung eine Zusage zur freien wirtschaftlichen und kulturellen Entwicklung der Deutschen Südtirols, zur Gleichbehandlung und zur Gleichstellung mit dem italienischen Bevölkerungsteil. Unter dieser Zielsetzung stehen weitere Vertragsbestimmungen: die Gleichstellung der deutschen Sprache mit der italienischen als Amtssprache, die Gleichstellung der deutschen Sprache mit der italienischen im Bereiche der Aufschriften und Flurnamen (Toponomastica), die Gewährung einer »regional autonomy« im Bereich von Gesetzge-

Die »unauffindbare« Karte, die die Autonomiegrenzen angab und die nach österreichischer Version die Autonomie nur auf Südtirol beschränkte, in Wahrheit aber sehr wohl Trient mit einbezog.

bung und Verwaltung; die Verpflichtung Italiens, die kraft der Hitler-Mussolini-Vereinbarung als Optanten weggelockten Südtiroler wiederum ins Land zurückkehren zu lassen und ihnen die italienische Staatsbürgerschaft zu gewähren. Die Verpflichtung Italiens, einen freien Güterverkehr zwischen Nord- und Südtirol zu ermöglichen, die wechselseitige Anerkennung von Studientiteln. Dazu kommt eine respektable Schulautonomie.

Die Vertragsbestimmungen wurden von den beiden Delegationen nach einem italienischen Vorschlag recht hastig erarbeitet. Kritik ist laut geworden. Im Vergleich zu den zur Zeit bestehenden Minderheitenschutzregelungen in Europa – von Aaland abgesehen – kann sich der Text sehen lassen. Die Vereinten Nationen nahmen ihn in ihre Textsammlung als einen »outstanding text« auf. Vergißt man die Tragödie des Selbstbestimmungsrechtes, so kann sich der Vertragstext tatsächlich sehen lassen. Er hält manchem Vergleich stand.

Das italienische Parlament hat dem Text seine Zustimmung gegeben. Er wurde ordnungsgemäß im »Journal Officiel« der Republik veröffentlicht. In Österreich ist er einer jener Staatsverträge geblieben, die apokryph sind, d. h., er wurde im Plenum des für einen solchen politischen Vertrag zuständigen Nationalrates nicht diskutiert und nicht zur Genehmigung freigegeben. Lediglich der außenpolitische Ausschuß hat sich mit dem Text beschäftigt und den Text mit einer Resolution begleitet; sie sollte noch 40 Jahre später eine Rolle spielen. Der außenpolitische Ausschuß erklärte nämlich am 1. Oktober 1946, daß er das Pariser Abkommen nur als eine vorläufige Lösung des Problems ansehe und erwarte, daß bei einer Änderung der Weltlage doch noch das Selbstbestimmungsrecht obsiegen werde.

In der ganzen inneritalienischen und innerösterreichischen Diskussion über dieses Pariser Abkommen gab es nur eine

Stimme europäischer Weitsicht. Es war dies die des italienischen Unterhändlers, des Botschafters *Carandini.* Er versuchte, dem Vertrag und dem Vertragsabschluß eine *europäische Note* zu geben. Er sah in dem Pariser Abkommen schon damals eine europäische Lösung, wobei er vor allem die in Aussicht gestellten österreichisch-italienischen Handelsbeziehungen im Wege der Region Tirol/Südtirol/Trient ins Auge gefaßt hatte. Der Text seiner Aussagen ist wert, im Anhang auszugsweise abgedruckt zu werden.

In Südtirol selbst fand man sich mit der Lösung ab. Was wollte man schon mehr, wenn man nicht bereit war, Widerstand zu leisten? Doch dazu rief weder jemand in Südtirol noch in Österreich auf. Allüberall wurde erklärt, es käme auf den Geist an, in dem das Pariser Abkommen durchgeführt werde.

Alcide Degasperi, inzwischen zum italienischen Ministerpräsidenten aufgerückt, hatte schon während der Vertragsverhandlungen mit Österreich in Italien gemeinsam mit seinen Politikerkollegen weichenstellend gewirkt. Da im Nachkriegsitalien die Kommunikationsmittel nicht mit Computergeschwindigkeit ihre Ziele erreichten, da die Herstellung von Kopien noch eine administrative Prozedur gewesen ist, sind die Informationen auch noch nicht so deutlich gewesen, daß in Rom vor der Unterzeichnung des Friedensvertrages die administrative Struktur Italiens vorberaten und festgelegt wurde. Italien sollte ein Einheitsstaat bleiben, aber durch selbständige Regionen territorial gegliedert sein. Diese selbständigen Regionen sollten politisch sensible Gebiete erfassen, die sich auch durch ihre dezentrale Lage besser administrieren ließen als von der Zentrale aus. Dazu zählten Sizilien, Sardinien, das Aosta-Tal, auch Julisch-Venetien und eine neu geschaffene Region Trentino/Alto Adige. Wenn also Italien im Pariser Abkommen von einer regionalen Gesetzgebungs- und Verwaltungsmacht sprach, deren Rahmen festzulegen sei, so war dieser Rahmen klar präjudiziert. Südtirol sollte allein für sich keine der mächtigen Regionen sein, sondern Teil einer Region. Gemeinsam mit dem Trient sollte Südtirol seine regionale Gewalt teilen. Ob dieses Faktum den Pariser Verhandlern einschließlich der Südtiroler Delegation während der Verhandlungen bewußt war, kann heute nicht mehr ermittelt werden. *Degasperi,* der altösterreichische Trientiner, holte im Wege der Südtirolautonomie für sein Trient staatsvertraglich das heraus, was er möglicherweise ohne Südtirol nicht erreicht hätte. Er verfolgte ein Ziel, das der italienischen Politik im Jahre 1915 vorgeschwebt hatte: Die südlichen Alpen sollten eine von verläßlichen Italienern bewohnte Alpenfestung zum Schutze des appeninischen Königreiches werden. In jedem Falle mußten sich Südtiroler und Österreicher über die Tragweite des autonomen Rahmens getäuscht sehen. Und auf Vorhalt erklärte Gruber den Südtirolern: Ihr braucht nicht anzunehmen, was ihr nicht wollt. Leichter gesagt als getan. Wesentliche Inhalte dieses Abkommens sind vage und unpräzis formuliert! Vor allem die Autonomieklausel öffnet der Unbestimmtheit Tür und Tor. Diese Unbestimmtheit wurde dem Volke aber als ein klarer Text vorgestellt. Fast gewinnt man den Eindruck, daß man von seiten des damaligen österreichischen Außenministers *Gruber* und des Verhandlers auf seiten der Südtiroler VP den Wunsch hatte, »to get rid of the competition«, und es der Zukunft überlassen wollte, was durch die Anwendung des Pariser Abkommens, vor allem seiner Autonomieklausel, »herauskommen« werde. Die italienischen Politiker waren zielstrebig darauf bedacht, das Schmuckstück jedes Minderheitenschutzes – die Autonomie – nicht als Minderheitenschutz zu verstehen, sondern als Ausdruck italienischer Regionalismuspolitik. Schon damals. Die Entwürfe *Degasperis* und *Innocentis* waren von allem Anfang an auf die Zwangsverbindung des Alto Adige mit dem Trient aus. Das wurde den Österreichern und den Südtirolern öffentlich verborgen, mußte aber allen unmittelbar an den Verhandlungen Beteiligten wohl bekannt geworden sein. Ein Höhepunkt des Diplomatenspiels war wohl die Verheimlichung der Landkarte, auf der angeblich die von italienischer Seite beabsichtigten Autonomiegrenzen eingezeichnet waren. Die Karte befände sich nicht in den offiziösen Materialien: Ein gelernter Innsbrucker Historiker meinte, diese Karte lasse sich aber drucktechnisch reproduzieren; der Bericht der Südtiroler Delegation in Paris 1946 gibt diese Karte nicht wieder, obwohl von ihr die Rede ist. Dennoch haben sich österreichische Politiker auf sie berufen, um zu zeigen, daß die *italienischen* Politiker sehr wohl die Zusage gemacht hätten, daß die Autonomie nur Südtirol zugestanden werde und Italien im Unrecht sei, wenn es Südtirol die regionale Autonomie nur in Verbindung mit Trient gewähre. Hobbyhistorikern ist es aber gelungen, diese Karte im Foreign Office Londons ausfindig zu machen. Sie zeigt ganz klar, daß die dort gemachten Markierungen der südtirolischen Region und Trients nur den italienischen Zusagen entsprachen! Das zu wissen, gehört zu den Realitäten der Südtirolpolitik. Die Frage nach dem territorialen Umfang der Autonomie ist, sofern man nicht vor Gericht gehen will, heute tatsächlich nur mehr von historischem Interesse. Das spätere Paket hat Südtirol eine substantielle Autonomie zuerkannt. Der dem Namen nach weiter fortbestehenden »Gemeinschaftsregion« – Trient/Südtirol – sind alle wesentlichen Kompetenzen entzogen. Wenn Italien nicht überhaupt die Autonomiestruktur ändern wollte, dient die Frage nach den im Pariser Abkommen offengelassenen territorialen und sachlichen Begrenzungen der Autonomie nur mehr dem Verständnis der Rechtsstandpunkte. Sie macht das österreichische Begehren vor den Vereinten Nationen verständlich. Sie läßt die Bedeutung der Paketverhandlungen erkennen. Natürlich wirft

sie – ex post facto – auch Verantwortlichkeitsprobleme auf; aber an der gegenwärtigen Realität ändert sich nichts.
In jedem Fall ist die *Prozedur der Durchführung des Pariser Abkommens* weit von einem europäischen Modell entfernt. Sie ist nicht empfehlenswert. Von 1947 an, dem Jahre, wo der Friedensvertrag und die italienische Verfassung genehmigt worden sind, bis 1969, ja bis zur Gegenwart, ging es um die Durchführung des Pariser Abkommens, vor allem seines Kerns – der Autonomiebestimmung. Das Autonomiestatut von 1948, das oktroyiert und nicht ausgehandelt worden ist, verfügte die Teilung regionaler Kompetenzen zwischen den beiden Provinzen, die die Region Trentino/Bozen ausmachte. Dabei schaute nicht viel heraus. Auch die Sprachautonomie wurde verschlechtert. Das einzige, was einigermaßen minderheitenschutzfreundlich war, war die Schulautonomie. Nach mühsamen Verhandlungen konnten auch die Optanten wiederum in Südtirol integriert werden. Unter ihnen bedeutende Persönlichkeiten der Nachkriegs-Südtirolpolitik: so *Silvius Magnago,* der Nestor der sogenannten Paketpolitik, *Hans Dietl,* der frühere Führer des Südtiroler Bauernbundes. Sie stießen zu den »Dableibern«, die die Politik der Südtiroler Volkspartei prägten: *Volgger, Ebner* sowie *Kanonikus Gamper.*
In diese Phase fiel auch der *Abschluß eines Handels- und Zollvertrages* zwischen Österreich und Italien, der als das *Accordino* in die Geschichte einging und der ein europäisches Format sondergleichen trägt. Auf dieses Accordino ist noch zurückzukommen.
Im übrigen aber war von der europäischen Lösung der Südtirolfrage nicht viel zu spüren. Die Südtiroler Politiker bissen sich an der italienischen Bürokratie und Politik die Zähne aus. Österreich verhielt sich zurückhaltend. Es kämpfte seit 1947 um seinen Staatsvertrag, der 1955 abgeschlossen wurde. In ihm findet sich die Klausel über die

österreichischen Staatsgrenzen. Es sind jene von St. Germain. Also einmal mehr die Brennergrenze! Dann findet sich darin auch eine Klausel, nach der Österreich auch den italienischen Friedensvertrag anerkennt, also auch hier noch einmal die Brennergrenze. Indirekt aber auch hier die Aufnahme des Gruber-Degasperi-Abkommens in den österreichischen Staatsvertrag! In den Jahren während der ersten Durchführung des Pariser Abkommens ging der »Volkstod durch Unterwanderung« weiter. Das nichtfaschistische, also demokratische Italien legte noch dreimal 20000 Menschen in die Region bzw. nach Südtirol, sodaß schließlich aus den 7000 Menschen italienischer Ethnie, die 1910 in Südtirol gezählt worden waren, 180000 Italiener geworden sind. Ab 1959 erfolgte die Zuwanderung auch unter einem legalen Pretext: Die EG-Instrumente erlauben die Mobilität der Arbeitnehmer!
Das Jahr 1955 und die nachfolgenden Wahlen in Österreich sowie die Neubildung der österreichischen Bundesregierung brachten Bewegung in die *österreichische Südtirolpolitik*. In das Kabinett wurde *Gschnitzer* aufgenommen. Er verstand es, die Südtirolsache zu vertreten und einen patriotischen Zug in die Südtirolpolitik zu bringen. Nun fand Südtirol einen Tiroler Fürsprecher in Wien. Er machte aus seinem Herzen keine Mördergrube. Er war auch bereit, für die Selbstbestimmung einzutreten. Es ging in der Hauptsache aber um die Autonomie und deren Durchführung. Die Südtiroler bewiesen sich als politisch zu schwach, um ihre gerechten Forderungen durchzusetzen. Österreich machte den Italienern vor der XIII. GV der UNO deutlich, daß Österreich den Weg zur UNO beschreiten würde, falls es in der Autonomiefrage nicht weitergehe. Italien berief sich auf das prominente Nichteinmischungsgebot des Art. 2 para. 7 der UNO-Charta. Doch Österreich machte Ernst: *Kreisky, Gschnitzer* und der Tiroler *Alois Oberhammer* waren die politischen Zugpferde,

unterstützt von der SVP. Die Parteiführung der SVP lag nicht auf der Selbstbestimmungslinie, sondern auf der pragmatischen Linie des damals jungen SVP-Parteiführers *S. Magnago:* Nicht mit der Selbstbestimmung nach New York, sondern mit der Forderung nach Regionalautonomie. Die UNO befaßte sich mit der Südtirolfrage und gab Österreich und Italien ein Verhandlungsmandat.

Die *österreichisch-italienischen Verhandlungen* währten von 1961 bis 1969. Sie waren von einer Reihe von Ereignissen geprägt, die ihrerseits europäischen Charakter trugen: Italien, das immer wieder den Weg suchte, die Südtirolfrage zu entinternationalisieren, ist durch eine organisierte Welle von Gewaltanwendung, die Opfer an Leib und Gütern forderte, und durch die Foltermethoden der Karabinieri, die so gar nicht dem europäischen Geist entsprachen, gezwungen worden, den Weg in internationale Foren zu suchen. Die UN erwies sich ebenso als nützlich wie der Europarat, der eine Südtirolkommission einsetzte. Diese Unruhe, die die Presse der Jahre 1961 bis 1964 widerspiegelt, und internationale Appelle brachten Italien an den Verhandlungstisch mit Österreich.

Dort wurden alle Schwachstellen, die die Durchführung des Pariser Abkommens im Laufe der vergangenen 20 Jahre (1946–1969) erkennen ließ, ausdiskutiert. In zahlreichen Papieren, die von den Experten unterschiedlicher Kategorien x-mal überarbeitet wurden, sind die Positionen formuliert worden. Zu den Experten zählten namhafte Persönlichkeiten des öffentlichen Lebens Österreichs: *Waldheim,* der spätere Bundespräsident, *Kirchschläger,* der spätere Bundespräsident, Professor *Franz Gschnitzer,* der frühere Staatssekretär; von Südtiroler Seite stießen immer wieder Fachleute als Berater hinzu, so vor allem der kenntnisreiche und unermüdliche *Alfons Benedikter* (er wurde im Jahre 1989 von seiner Partei verstoßen und arbeitet heute als Don Quichotte für die Selbstbestimmung).

Von italienischer Seite waren es vor allem die Diplomaten *R. Gaja,* Professor *M. Toscano,* die Völkerrechtler *Monaco, Sperduti* und *Capotorti,* die kontinuierlich an der Arbeit waren.

Ein neuer *Ansatz zu einer europäischen Lösung.* Europäisch im Geiste, weil Italien bereit war, die Schwachstellen der Autonomiestruktur anzuerkennen und konstruktiv zu verhandeln; europäisch in der Anlage, weil man den politischen Streit in einen Rechtskonflikt verwandeln wollte. Das ist der Geist der vom Österreicher *Verdroß* geführten Wiener Völkerrechtsschule. Es soll aber nicht verschwiegen werden, daß im Recht der eigentliche Stolperstein für eine europäische Lösung liegt. Eine contradictio in objectu, wird man sich fragen. Ja, das ist unten darzustellen. So wurde nach den zahllosen Gesprächen, die österreichische und italienische Experten führten – die Italiener vermieden aus durchsichtigen Gründen, wie schon so oft im Jahre 1915, das Wort Verhandlungen –, ein Paket von 137 Maßnahmen geschnürt. Es ist als das Südtirolpaket in die Geschichte der italienisch-österreichischen Beziehungen eingegangen.

An der Diskussion über die *Rechtsnatur dieses Paketes* schieden und scheiden sich die Geister: Die Italiener meinen, es bestehe der Inhalt des Paketes aus inneritalienischen Verwendungszusagen, die sich nur inneritalienisch realisieren ließen, Österreich meint, es handelt sich bei dem Paket um zwischen Österreich und Italien vereinbarte Maßnahmen, die auch völkerrechtlich relevant sind. Auch diese Frage soll im Augenblick auf sich beruhen bleiben.

Jedenfalls substantiiert ein großer Teil des Paketes die Autonomie. Der Provinz Bozen werden viele Kompetenzen zugesprochen, die der Region Trient/Bozen abgezogen werden. Man spricht von einer *faktischen Regionalautonomie Bozens.* Es darf sich jetzt auch offiziell Südtirol nennen. Ja es darf sogar einen Tiroler Adler als Wappen führen.

Es hat eine Landesfahne – Symbole eines Landes. Dazu tritt eine Reihe von anderen italienischen Zugeständnissen, die auf die Bereinigung von sich im Autonomiealltag ergebenden Streitfragen gerichtet sind.
Die *Durchführung dieses Paketes* (ein Katalog von 137 Maßnahmen samt Präzisierungen) ist einem *Operationskalender* anvertraut, der alle Schritte vorzeichnet, die Italien und Österreich zu setzen haben, damit das Paket erfüllt werde, damit aber auch der Konflikt um Südtirol, so wie er vor die UNO gebracht wurde, sein Ende finde. All das sind Fragen, die als Streitpunkte zwischen der offiziellen österreichischen und südtirolischen Politik einerseits und der patriotischen Opposition andererseits entstanden sind. In diesem Operationskalender ist neben einer Reihe von Verfahrensschritten der Abschluß eines bilateralen Vertrages zwischen Österreich und Italien über die Zuständigkeit des Internationalen Gerichtshofes vorgesehen. Es ist der in der Diskussion so benannte »IGH-Vertrag«. Durch ihn soll die Zuständigkeit des Weltgerichts für die Auslegung des Pariser Abkommens festgelegt werden. Darüber hinaus ist auch ein Freundschaftsvertrag zwischen Italien und Österreich als Schlußstrich in Aussicht genommen.
Alles das soll schließlich durch eine *»Streitbeilegungserklärung«* sein rundes Ende finden. Italien und Österreich gedenken, sie beim Generalsekretär der Vereinten Nationen zu hinterlegen. Der Text dieser Streitbeilegungserklärung ist schon 1964 (!) formuliert worden und bis heute unverändert.
Die Paketmaßnahmen sollen in Formen gegossen werden: Die die Autonomie betreffenden Maßnahmen sollen durch ein Autonomiestatut neu gefaßt werden, einfache Gesetze, Regierungsmaßnahmen und Durchführungsbestimmungen in Form von Dekreten sollen in kritischen Fragen das Paket in die staatsrechtliche Wirklichkeit übersetzen. Zur Erarbeitung dieser Durchführungsmaßnahmen sind

entsprechende »paritätische Kommissionen« eingesetzt worden, die bis heute ihre Arbeit noch nicht abgeschlossen haben.
Der *Operationskalender* hat auch einen Zeitplan aufgestellt, innerhalb dessen das Paket erfüllt sein soll. Das neue Autonomiestatut hätte bis 1972 erlassen werden sollen (es ist 1974 erlassen worden), die Durchführungsbestimmungen sollten bis 1977 erlassen worden sein. Bis heute sind alle diese Durchführungsbestimmungen noch immer nicht erlassen!
Eine *europäische Lösung?* Im Ansatz ja, nein in der Durchführung, wenn diese das Grundkonzept nach 30 Jahren noch nicht ausgeführt hat. Minderheitenschutz darf in den Grundzügen nicht zu einem Generationenproblem werden. Die Realitäten laufen den Fakten und den Generationen davon und können jede noch so gut gemeinte Lösung zunichte machen. Das ist europäische Lehre: Wenn Volksgruppenschutz nicht rasch verwirklicht wird, trifft dies seine Substanz, weil die betroffenen Menschen nicht sehen können, daß Gerechtigkeit geschieht.
Ich möchte die vielbeschworene Autonomie Südtirols nicht in ihren juristischen Details analysieren. Das ist in manchen gelehrten Abhandlungen und Gutachten längst geschehen. Großangelegte Werke haben sich mit den Realitäten der Autonomie befaßt. Der Ausdruck »Autonomie« wird bald als das gesamte Rechtsgefüge bezeichnet, in dem Südtirol steht. Im Rechtsbereich wird die Autonomie schärfer zu sehen sein als in der Alltagssprache.
Für den europäischen Minderheitenschutz ist *Autonomie,* seit es das Problem der Minderheiten gibt, ein faszinierendes Schlagwort. Das Autonomiedenken ist vor allem bei der Bewältigung der Nationalitätenprobleme des alten Österreich wach geworden. Das auch unter dem Schlagwort »nationale Autonomie«, das ist eine Autonomie für Minderheiten im Rahmen eines fremden Volksstammes.

Im Zusammenhang mit nationalen Minderheiten bedeutet Autonomie die Selbstverwaltung des nationalen Gemeinwesens in einem fremdnationalen Staat; eines Gemeinwesens, das kraft seiner Bevölkerungszusammensetzung vom Mehrheitsvolk eines Staates nach Sprache, Tradition, Kultur und geschichtlicher Entwicklung unterschiedlich ist, das diese Unterschiede als Charakteristika erkennt und sie auch bewahren will. Diese Selbstverwaltung versteht sich in Beziehung zum Staat, in dem eine Minderheit gezwungen ist zu leben. Autonomien haben eine große Bandbreite von Erscheinungen. Ihre Mindestkriterien sind: die Bestellung der eigenen Vertreter aus der Mitte der Bevölkerung, ein Mindestmaß an Aufgaben, die für die Erhaltung und Entwicklung des Volkskörpers von entscheidender Bedeutung sind und auch von der Gemeinschaft selbst besorgt werden können – ohne staatliche Bevormundung. Dazu muß ein Mindestmaß an finanzieller Selbständigkeit treten, damit sich das Gemeinwesen auch rühren kann. Aber keine Autonomie wird einer Staatsaufsicht entraten. Denn Autonomie ist ihrem Wesen nach nicht als die Vorstufe zur Separation eines Gemeinwesens von dem Staat, in dem es existiert, gedacht. Aber alles in allem soll eine solche Autonomie der an sich fremden Gemeinschaft in einem Staate das Gefühl vermitteln, ein organisiertes, anerkanntes politisches Zuhause zu haben. Das Autonomiegebilde ist ein Stück Heimat in einem an sich fremden Staatskörper.

Das Pariser Abkommen verwendet den Ausdruck »Autonomie« nicht. Aber es bestand im Jahre 1946 kein Zweifel, daß die Vertragsverhandler der südtirolischen Gemeinschaft als eine Art Ersatz für das nicht gewährte Selbstbestimmungsrecht Autonomie geben wollten. Autonomie ist daher durch das Pariser Abkommen als politisches Ordnungsprinzip mitgedacht. Die Streitfrage, welche Art der Autonomie und welches territoriale Ausmaß an Autonomie das Pariser Abkommen meinte, diese Frage ist unbe-

1 Südtirolkundgebung im zerstörten Innsbruck, 1945

Verlorne Heimat
kehr zurück!
Die ehem. polit. K.Z. Häftlinge
in Innsbruck

MILITAIRE
MILITÄRREGIER

2 (links) »Verlorene Heimat, kehr zurück!« Südtirolkundgebung 1945.
Unter dem anderen Spruchband v.l.n.r.: Bischof Rusch, Professor Franz Gschnitzer, Landeshauptmann Karl Gruber, LH-Stellvertreter Hans Gamper, Landesrat Muigg

3 (links unten) Zivilgouverneur Voizard (Mitte) auf dem Balkon des Innsbrucker Landhauses, neben ihm Landeshauptmann Dr. Karl Gruber

4 (rechts oben) Selbstbestimmungskundgebung in Klausen …

5 (rechts) … und auf Sigmundskron im Frühjahr 1946

7 »Sie haben in deutscher Sprache gebetet« (Simplicissimus 1923)

6 (links) Am 22. April 1946 übernimmt Bundeskanzler Leopold Figl die Mappen mit den Unterschriften der Südtiroler

8 Ettore Tolomei, ein geistiger Vater der Italienisierung Südtirols

9 Dr. Eduard Reut-Nicolussi, Professor für Völkerrecht an der Universität Innsbruck

10 Staatssekretär Dr. Franz Gschnitzer, Professor für Zivilrecht an der Universität Innsbruck

Fassa-Primiero-Civezzano-Cevalese ld.,
Wb. 10.496 (10.753), it.-v. 3116 (4171), it.-lib. 411 (809), s.-d. 582 (355, t.-Vb. 935.)

*** Alcide Degasperi (192).**

(Italienische Volkspartei.)

(Vorher Bonfilio Paolazzi, it.-v.)

Phil. Dr., Chef-Redakteur d. Tageszeitung „il Trentino" i. Trient. Geb. 3./4. 81 i. Pieve, Tesino (kath.). V.: Privatbeamter. Bes. d. Gymn. i. Trient u. studierte a. d. philosophischen Fakultät i. Wien, wo er promov. Vizepräs. d. Banca Industriale i. Trient. Gem.-R. *R.* s. 11.

11 Alcide Degasperi als Abgeordneter des österreichischen Reichsrates (aus: »Das Österreichische Abgeordnetenhaus«)

12 … und als Ministerpräsident Italiens (1947)

13 Unterzeichnung des österreichisch-italienischen Kulturabkommens durch Ministerpräsident Degasperi und Außenminister Gruber, Rom 1952

14 Südtirolexperten: Univ.-Prof. Dr. Stephan Verosta, Dr. Rudolf Kirchschläger, Dr. Kurt Waldheim (von rechts nach links)

15 Südtirolkonferenz in Wien 1967, v.l.n.r.: Landeshauptmann Wallnöfer, Bundeskanzler Klaus, Landeshauptmann Magnago, Außenminister Tončić

16 Die Südtirol-Delegation bei Bundeskanzler Kreisky, 1970.
V.l.n.r.: Bundeskanzler Kreisky, der Tiroler Landesamtsdirektor Kathrein, Landeshauptmann Magnago, Außenminister Kirchschläger

Unbeirrbare Kämpfer für Südtirol

17 Julius Perathoner

18 Michael Gamper und Toni Ebner

19 Karl Tinzl

20 Aloys Oberhammer

21 Hans Dietl

22 Alfons Benediker

23 (links) Eduard Wallnöfer 1983: »Für Südtirol ist die Entscheidung über die Selbstbestimmung noch nicht gefallen.« – 24 (rechts) Eva Klotz

25 Dr. Guido Jakoncig, Handelsminister im Kabinett Dollfuß, war mit Carandini geistiger Vater und Schöpfer des Accordino

26 Botschafter Nicolò Graf Carandini, Ministerpräsident Degasperi, Staatsminister Pella und der österreichische Botschafter Schwarzenberg im Palazzo Venezia, Rom 1952

27, 28 »Los von Trient« auf Sigmundskron 1957 vor 35.000 Patrioten. – »Los von Rom« auf den Grieser Wiesen 1991 vor 5.000 Patrioten

stimmt geblieben. Sie zu bestimmen, war letztlich den Vertretern der Bevölkerung überlassen worden. Dabei formuliert der englische (allein authentische) Text (neben dem russischen und dem französischen) »autonomous«; er setzt dies in Verbindung mit (autonomer) Gesetzgebung und (autonomer) Verwaltung. Das ist schon eine höhere Form von Selbstverwaltung, die da ins Auge gefaßt worden ist. Denn im allgemeinen ist Autonomie in der Regel nur auf Verwaltungsbefugnisse bezogen. Hier, im Pariser Vertrag, auch die Gesetzgebung mit ins Spiel zu bringen, bedeutete die Einbeziehung einer Staatsfunktion, durch die alle anderen beherrscht werden können. Gesetzgebung bedeutet Parlamentarismus und geht in einer Demokratie allem anderen vor. Sie genießt die höchste demokratische Legitimation. Das Pariser Abkommen läßt aber den Inhalt der »autonomen« Gesetzgebung und der »autonomen« Verwaltung offen.

Diese Unbestimmtheiten erlauben damit eine Reihe von Interpretationen, die auch in allen gelehrten Abhandlungen, von *H. Miehsler* und *P. Gesareo* angefangen, über *L. Giovenco* bis herauf zu *Hummer* und *Zeller,* angestellt werden. Soll man Autonomie nach italienischen verfassungsrechtlichen Kriterien verstehen, soll man sie gemäß einem internationalen Standard verstehen (den es aber in Wahrheit nicht gibt, weil es keine allgemeinen Regeln des Völkerrechtes gibt, die den Begriff der Autonomie ausformen – *Lillich* ist anderer Meinung)? Man ist auf die Pragmatik zurückgeworfen. Man wird unter autonomer Gewalt eben das zu verstehen haben, was die Partner im Jahre 1946 und nachher vor allem in den Jahren 1961, 1964, 1969 darunter verstanden haben wollten. Die Österreicher und die Südtiroler hatten im Jahre 1946 nur eine vage Autonomievorstellung; die Verhandlungsdelegation Österreichs war im Jahre 1946 nicht so zusammengesetzt, daß sie diese Problematik erkannt hätte. Demgegenüber hat *Alcide Degasperi* genau gewußt, was Italien unter Autonomie verstehen will: möglichst wenig zentrale Selbstbeschränkung! Die Präzisierung des Autonomiebegriffes durch das im Jahre 1969 vereinbarte Paket ist deshalb so wichtig, weil die Autonomievorstellungen des Jahres 1946 so wenig greifbar waren. Wenn die Südtiroler Autonomie tatsächlich ein europäisches Modell sein soll, dann muß der Autonomiebegriff einheitlich geklärt sein. Ist die Umschreibung des Autonomiebegriffes, wie er durch das Paket im Jahre 1969 und bestenfalls durch das neue Autonomiestatut von 1972 vorgenommen worden ist, sichergestellt, dann kann das beruhigen. Ist er das nicht, dann ist eine über den Streitparteien stehende, völkerrechtliche Absicherung – hier des Paketes – wichtig. Das allein wäre europäisches Modell! Davon ist man für Südtirol aber weit entfernt.

Was bietet nun die beschworene Autonomie entsprechend Paket und Autonomiestatut von 1974?

Eigene Organe der Provinz:

- einen demokratisch gewählten Landtag entsprechend dem herrschenden Parteienpluralismus;
- demokratisch bestellte Vollziehungsorgane, wie einen Landeshauptmann und eine Landesregierung;
- andere autonome Verwaltungsdienststellen
- und vor allem frei gewählte Gemeindeorgane.

Einen eigenen Aufgabenbereich in Gesetzgebung und Vollziehung und einen Aufgabenbereich, der vom Staate treuhänderisch den autonomen Organen überantwortet sein kann.

Paket und Autonomiestatut von 1974 ordneten den autonomen Aufgabenbereich neu. Wenn man diesen Aufgabenbereich, der die autonomen Befugnisse taxativ aufzählt, durchgeht, dann ist zu erkennen, daß die wichtigsten Lebensbereiche für eine Gemeinschaft und deren Selbstverwirklichung abgesichert sind. In der alten österreichischen Gesetzessprache nannte man diese Bereiche die »Landes-

kultur«. Hier gibt es *Gesetzgebungsautonomie.* Aber darüber hinaus gibt es Aufgaben, die sich mit dem Bauwesen, dem Baurecht, der Raumplanung, den regionalen Verkehrseinrichtungen, dem Gesundheitswesen, dem Höferecht, dem Gewerberecht, dem sozialen Wohnbauwesen befassen. Dazu kommt auch die Obsorge für den Fremdenverkehr. Alles Aufgaben, die, wenn sie gut geordnet und besorgt werden, ein Gemeinwesen zum Florieren bringen können. Darüber hinaus fallen unter die autonomen Gesetzesaufgaben Materien, für die der Staat den Rahmen vorgibt, innerhalb dessen die autonome Gemeinschaft zu handeln hat (sekundäre Gesetzgebung). Auch hier ist autonomer Spielraum offen. Das alles ist eingebettet in ein System von »checks and balances«, das dem Römer Parlament, der Römer Regierung und vor allem dem Verfassungsgerichtshof sowie dem Verwaltungsgerichtshof (in Italien »Staatsrat« genannt) genug Kontroll- und Balancierungsmöglichkeiten eröffnet, die der Zentralstaat mit der Autonomie in Einklang zu bringen hätte!
Nun ist aber hervorzuheben, daß alle diese *Befugnisse in ihrer Vollziehung,* vor allem wenn es um Durchsetzungsmaßnahmen geht, nicht autonomen Instanzen zukommen, sondern den allmächtigen staatlichen und nicht autonomen Quästuren und Karabinieri. Und weiter ist hervorzuheben, daß gerade dieses autonome System in Italien keinen besonderen Minderheitenschutz darstellt. Es ist vielmehr ein Modell für eine gesamtitalienische Neuordnung der regionalen Strukturen. Der Gedanke, es handle sich um einen speziellen Minderheitenschutz, ist zumindest heute irreführend. Es geht um einen Teil gesamtitalienischer Regional- und Provinzialstrukturen. Nur so ist zu verstehen, daß die zur Durchführung des Südtiroler Autonomiestatutes eingesetzten Kommissionen relativ rasch die autonomen Befugnisse ordnen konnten. Auch andere Regionen und alle politischen Parteien, denen italienischer

Dezentralismus ein Anliegen ist, standen dahinter. Europäisches Modell Südtirol, wie es nicht nur von italienischer Seite propagiert wird, setzt in erster Linie Dezentralisationsbereitschaft und Dezentralisationsstruktur des Staates voraus. Italien gewährte die substantielle Autonomie aber nicht als besonderen Minderheitenschutz, sondern als Verwirklichung gesamtitalienischer Regionalisierungspolitik. Dabei gibt es keine föderalen, keine bundesstaatlichen Ansätze. Verwaltungstechnik ist am Werke!

Die im Jahre 1946 ins Auge gefaßte Autonomie für Südtirol war nur eine Vedette für gesamtitalienische Administrationspolitik! Aus der italienischen Not der Jahre 1945/46 wurde eine Tugend gemacht!

Man lasse das Motiv beiseite. Das Ergebnis wäre auch für das Modell eines speziellen Minderheitenschutzes zufriedenstellend, wenn man es mit Minderheitenschutzvorkehrungen in anderen Staaten vergleicht.

Zu diesen Fakten gehören aber auch die wenigen speziell auf den *Volksgruppenschutz* abgestellten Maßnahmen. Dazu zählt das Schulsystem. Dieses ist im Prinzip als europäisches Modell tauglich. Dann tritt hierzu die Gewährung der *Sprachengleichheit.* Das Deutsche sollte mit dem Italienischen als Amtssprache gleichgestellt sein. Das setzt voraus, daß die öffentlichen Bediensteten des Staates die deutsche Sprache verstehen und in dieser Sprache auch amtshandeln. Dazu tritt die Forderung, daß es bei der Besetzung öffentlicher Ämter von Provinz, Region und Staat samt seinen privatwirtschaftlichen Unternehmungen einen »ethnischen Proporz« zu geben hat. Bis dieser im Pariser Abkommen vorgesehene ethnische Proporz in den Grundsätzen ausgebildet wurde, dauerte es Jahrzehnte. Bis es gelungen war, für das gerichtliche Verfahren und das Verfahren vor den Verwaltungsbehörden auch die deutsche Sprache als gleichberechtigt – auf dem Papier – zu erreichen, währte das zähe Verhandlungsringen von 1969 bis

1989. Eine Generation lang mußten die Fachleute sich konfrontieren, bis sie die entsprechenden Durchführungsbestimmungen erarbeitet hatten und diese vom Ministerrat beschlossen wurden. Und noch immer stehen sie teilweise auf dem Papier!

Von 1946 bis 1990: also mehr als 40 Jahre (!) dauerte es, bis die Maßnahmen für Südtirol *auf dem Papier* ihre Struktur erhielten:

- einen bedeutenden Zielparagraphen im Pariser Abkommen, der europäisches Format hat und auch in den Präambeln der UNO-Resolutionen zur Südtirolfrage seine Aufnahme gefunden hatte;
- eine Sprachautonomie im weitesten Sinne;
- eine beachtenswerte Schulautonomie, die vom Kindergarten über die Elementarschule und die höhere Schule zum freien Zugang zur Innsbrucker Landesuniversität führt; Studientitel sind zwischen Österreich und Italien anerkannt und dynamisiert;
- eine Gesetzgebungsautonomie, die sich auch für eine Volksgruppe und deren Erhaltung auf die Wahrnehmung wesentlicher Materien bezieht. Sie kann aber in ihrer vollen Tragweite nicht als ein besonderer Minderheitenschutz europäischer Prägung verstanden werden, sondern als Produkt italienischer Regionalismuspolitik, deren Folge Südtirol zugute kommt;
- eine Verwaltungsautonomie, die sich durch eigene oberste Organe, eingebettet in die gesamtstaatliche Verwaltung, einen gewissen autonomen Spielraum erhalten hat;
- eine Finanzautonomie, die beachtenswert ist, stärkt das autonome Gefüge.

Dazu kommt schließlich ein mehr oder minder besorgtes Österreich, das eine Art *Schutzmachtfunktion* wahrzunehmen trachtet. Österreich pflegt durch seine politischen Repräsentanten die Kontakte mit den gewählten Vertretern

des Südtiroler Volkes; Wien, Innsbruck und Bozen sind Orte, wo über die Fortschritte beraten wird, die bei der Verwirklichung der Autonomie erzielt worden sind, und wo Schwierigkeiten erörtert werden. »Kontaktgespräche«, wie man sie zu nennen pflegt, durch ein Mittagessen gekrönt, Gespräche zwischen den Landeshauptmännern von Nord- und Südtirol, mit oder ohne Anwesenheit des österreichischen Außenministers; es hängt davon ab, welcher politischen Partei er zugehört.
Eine Autonomie, die lebt. In den Jahren ihres Bestandes sind vom Südtiroler Landtag Hunderte Gesetze beschlossen worden, Gesetzesbeschlüsse wurden rückverwiesen, Staats- und Landesgesetze sind vor dem Verfassungsgerichtshof in Rom angefochten worden, unzählbare Dekrete und Verordnungen sind erlassen worden. Der Staat hat Südtirol von 1972 bis 1991 mehr als 24 Milliarden Lire zur Verfügung gestellt, Milliarden österreichische Schillinge und 45 und 30 Millionen Deutsche Mark sind als stille und offiziöse Hilfen nach Südtirol geflossen, 748 (1976/77) bis 1109 (1989/90) Südtiroler Studenten haben mit österreichischen Stipendien in Österreich eine akademische Ausbildung erfahren; in einem österreichischen Gleichstellungsgesetz sind Südtiroler in manchen Materien den Österreichern gleichgestellt worden. Auch im Bereich des Arbeitsmarktes hat der Tiroler Landeshauptmann im Jahre 1991 eine faktische Gleichstellung angekündigt!
Gewaltanwender, die für die Selbstbestimmung eintreten, finden kein Echo mehr.
Es herrscht europäische Ruhe in Südtirol.
Man rüstet zur Streitbeilegung. In den staatlichen Delegationen hat man seit 1964 eine *Streitbeilegungserklärung* vorbereitet. Der Wortlaut der Streitbeendigungserklärung ist von Österreich wie auch von Italien gutzuheißen. Gemäß Punkt 15 des Operationskalenders wird sie dem

Generalsekretär der Vereinten Nationen seitens der österreichischen und der italienischen Regierung zu notifizieren sein. Sie lautet:

»Im Hinblick darauf, daß zwischen Österreich und Italien eine Streitigkeit über die Durchführung des Pariser Abkommens vom 5. September 1946 entstanden ist,

im Hinblick darauf, daß diese Streitigkeit Gegenstand der Resolutionen 1497 (XV) und 1661 (XVI) der Generalversammlung der Vereinten Nationen war,

unter Bedachtnahme darauf, daß die Generalversammlung der Vereinten Nationen Österreich und Italien in den erwähnten Resolutionen empfohlen hat, die Verhandlungen mit dem Ziel wiederaufzunehmen, eine Lösung aller Differenzen hinsichtlich der Durchführung des obgenannten Abkommens zu finden,

in Anbetracht der Tatsache, daß die Wiederaufnahme der Verhandlungen stattgefunden und zur Annahme einer Methode der Beratung geführt hat, welche geeignet war, die Beilegung der Streitigkeiten ohne Präjudiz für die jeweiligen Rechtsstandpunkte der beiden Seiten herbeizuführen;

mit Rücksicht darauf, daß die italienische Regierung in ihrer Regierungserklärung vom ... mit besonderer Bedachtnahme auf die Interessen der deutschsprachigen Bevölkerung Südtirols detailliert aufgezählte Maßnahmen angekündigt hat, die in dauerhafter Weise das friedliche Zusammenleben und die Entwicklung der Sprachgruppen Südtirols zu gewährleisten bestimmt sind,

angesichts der Tatsache, daß die italienische Regierung diese in der Regierungserklärung vom ... angekündigten Maßnahmen nunmehr verwirklicht hat,

erklärt die österreichische Bundesregierung, daß sie die zwischen Österreich und Italien bestehende Streitigkeit, die Gegenstand der erwähnten Resolutionen der Generalversammlung der Vereinten Nationen war und den Status des deutschsprachigen Elementes der Provinz Bozen – Durchführung des Pariser Abkommens vom 5. September 1946 – betrifft, als beendet erachtet.«

Südtirol ist als europäisches Modell des Volksgruppenfriedens in aller Munde. Fürst *Schwarzenberg,* der Kanzler des neuen Herrschers *V. Havel* am Hradschin in Prag, propagiert das Südtirol-Modell für die Nationalitäten, die in der Tschechoslowakei leben, man spricht vom Südtirol-Modell für die Ungarn in Rumänien, die Deutschen in Polen, in Zypern; Südtiroler Politiker haben ihre Erfahrungen in einen europäischen Minderheitenschutzentwurf eingebaut.
Ist es tatsächlich dieses Modell europäischen Volksgruppenrechtes, europäischer Konfliktlösung, als das es vorgestellt wird? Ist die Streitbeilegungserklärung der Schlußstrich unter ein Kapitel, das vor 40 Jahren noch als Schandfleck im europäischen Gewissen bezeichnet wurde? Oder ist das Modell ein Potemkinsches Dorf? Oder verbirgt sich hinter diesem modellhaften Äußeren nicht die Entnervung eines Volkskörpers, der, obwohl den Ansätzen faschistischen Völkermordes widerstehend, plattgewalzt ist in der Uniformität eines Europas der Vaterländer, die keine wahren Volksgruppen duldet und diese in den Tiegel der EG-Konformität einweist?
Man muß durch die Fassade der Autonomie Südtirols hindurchsehen, um die Realitäten zu erkennen und um auch die sogenannte Streitbeilegungserklärung in ihrer Bedeutung und Tragweite zu verstehen, die seit 25 Jahren vorbereitet ist, im Raum steht und einer Diskussion in den Parlamenten entgegensieht und die dann natürlich auch vor den Vereinten Nationen als ein Erfolg friedlicher Streitschlichtungsbemühungen gefeiert werden wird. Es ist eine Streitbeilegung, die heute die Substanz des Südtirolproblems nicht berühren kann. Ist Südtirol nicht zu einem europäi-

schen Modell der friedfertigen Auslöschung einer Volksgruppe auf parteidemokratischem Wege geworden, einer Volksgruppe, die im Normendschungel erstickt, zwar zu einer sich selbst administrierenden Minderheit wurde, aber deren Repräsentanten in Besuchs-, Reise-, Empfangs- und Happenings-Diplomatie effekthascherisch dem Persönlichkeitskult ohne Opferbereitschaft huldigen? Als es am 20.5.1991 um den Protest gegen die Renovierung des faschistischen Siegerdenkmals ging und die Patrioten den Neofaschisten gegenüberstanden, als *L. Amplatz,* ein Mann des Widerstandes, ermordet zu Grabe getragen wurde, konnte man die höchsten Exponenten der Südtiroler Großparteien nicht auf der Straße und im Gefolge der Trauernden sehen. Ist das nicht symbolisch? Man sieht dem autonomen Geschehen zu! Das gehört zur südtirolischen Realität.
Man vergleiche das Südtirol-Modell nicht mit der Schweiz. Die Schweiz ist nach dem Territorialprinzip geordnet: Wer in die sprachlich und ethnisch majorisierten Gebiete der Schweiz kommt, ist den Sprach- und Lebensgesetzen, die in diesem Territorium herrschen, unterworfen. Es gibt keine Minderheiten, es können keine entstehen, ihre Angehörigen werden assimiliert. In Südtirol herrscht nicht das Territorialprinzip, sondern das Personalprinzip. Nach ihm sind Autonomie und Schutzmechanismen geordnet.

4
Autonomie mit Widerhaken

Die Autonomie Südtirols, als welche ich den ganzen Schutzmechanismus für Südtirol bezeichnen möchte, der seit 1969 aufgerichtet worden ist, muß in ihrer Gestalt erkannt werden. Sie muß in ihrer Dynamik, in ihrer Komplexität und vor allem mit dem Blick auf ihren *Endzweck* gesehen und bewertet werden. Dieser ist durch die Präambel des Gruber-Degasperi-Abkommens vorgegeben: die Erhaltung der kulturellen Eigenarten des »deutschen Elementes« in der Provinz Bozen und deren Nachbargemeinden, die Beförderung der kulturellen und wirtschaftlichen Entwicklung der deutschen Bevölkerung zu gewährleisten und die Gleichstellung mit der italienischen Bevölkerung. Und da gilt es, eine Bemerkung zu machen, die das ganze Autonomiegebäude als angeblichen Ausdruck des Minderheitenschutzes in seinen Grundfesten berührt. Das muß man sich vor Augen halten, wenn man Südtirol als europäisches Modell hinstellt: Die Autonomie für Südtirol ist ihrem politischen Zweck nach von Österreich und den Friedensmächten des Jahres 1946/47 als ein sogenannter spezieller Minderheitenschutz gedacht. Man kann auch sagen als Volksgruppenschutz. Als Schutz einer Volksgruppe, die seit Jahrhunderten unangefochten als Teil eines größeren Volkes siedelte. Geschichtsforscher meinten, Tirol sei sogar als eine Nation zu betrachten. Dabei lehne ich es ab, den Wert einer Nation der Mottenkiste anzuvertrauen. Sie lebt in einem fest umrissenen Raume ohne Expansionsgelüste. Immer hat Tirol nur seinen angestammten Lebensraum verteidigt. So wie die Volksgruppen im rumänischen Siebenbürgen (Transsylvanien), im österreichischen Kärnten und Burgenland – dem früheren Westungarn –, in den Sudetenländern der Tschechoslowakei, durchzogen von Siedlungsgebieten anderer Nationen, siedelten. Dabei konnten die Südtiroler geradezu als homogenes Volkstum auf dem angestammten Boden bezeichnet werden. Nur eine verschwindend kleine italienische Bevölkerungszahl (7000 zu 220000) siedelte in Südtirol, als es unter die fremde Staatlichkeit gestellt wurde. Für eine solche homogene Bevölkerung würde Autonomie tatsächlich eine Land und Leute sichernde Selbstverwaltung – abschirmend und aufbauend zugleich – bedeuten können. Als die Südtiroler Autonomie im Jahre 1946 eingeführt worden ist, war der angestammte Volkskörper schon unterwandert: Die Italiener waren nämlich von 7000 Seelen im Jahre 1910 auf 80000 im Jahre 1936 angewachsen, und bei der Paketvereinbarung im Jahre 1969 sind es gar 180000 Seelen gegenüber rund 320000 Deutschen und Ladinern gewesen. Die Autonomie, die als Minderheitenschutz, und zwar als besonderer Minderheitenschutz gedacht war, kommt heute allen Einwohnern der italienischen Provinz Südtirol zugute. Damit wandelt sich ein Minderheitenschutz in seiner Natur. Er macht einen Qualitätssprung. Er wird zum Ausgleich zwischen der Volksgruppe und dem Mehrheitsvolk. Die autonome Gesetzgebungs- und Verwaltungsmacht, die das Pariser Abkommen den Südtirolern zugesteht, kommt nicht nur diesen und den Ladinern, die mit den Südtirolern als angestammte Bewohner des Landes immer mitgedacht waren, zugute, sondern natürlich auch den Bewohnern italienischer Zunge, gleichgültig, ob sie seit einem Jahr oder seit Generationen im Lande leben. Dadurch erfährt dieser Minderheitenschutz einen mehrfachen Bruch:

- Die »regionale Autonomie« der Südtiroler wird durch die der Provinz Trient halbiert,

- die Autonomie der Südtiroler wird vom Staat Italien überwacht, sie steht unter seiner Oberaufsicht, und
- die Vorteile der Autonomie Südtirols müssen zwischen den Deutschösterreichern (Ladinern) und den Italienern, also zwischen den 180000 zu 250000 aufgeteilt werden.

Proporzautonomie ist also das, was bei dieser Autonomiekonzeption herausgekommen ist: Sie wird in Vertretungskörpern – dem Landtag und den Gemeinderäten – in der Landesregierung und in den Gemeindevorständen und -senaten repräsentiert. Damit wird die Autonomie zu einem Interessenausgleichsinstrument verschiedener Bevölkerungsgruppen. Sie funktioniert ähnlich wie der seinerzeitige mährische Ausgleich von 1906, weil man die Italiener (bzw. die Deutschösterreicher) weder vertreiben noch mundtot machen kann und man kein anderes System eines gerechten Minderheitenschutzes als einen freundlichen Interessenausgleichs gefunden hat. Man wagte nicht, die Interessen der zugewanderten Bevölkerungsgruppe durch andere Mittel der Demokratie vertreten zu lassen. Die Virilstimmenlösung würde minderheitenfreundlicher sein. Daraus folgt, daß der von der deutschen Mehrheit gestellte Landeshauptmann naturgemäß der Landeshauptmann aller Landeseinwohner sein muß. Er muß, um seiner Repräsentationspflicht nachzukommen, auch auf italienischen Festen tanzen, was der Parteiobmann der größten Partei im Lande, der SVP, nicht tun muß. Daher wird man des Landeshauptmannes Tanzbein auf einem Italianitàfest der Schickeria im Pustertal im Sommer 1990 nachzusehen haben. Nicht aber könnte man es einem Parteiobmann der SVP verzeihen, wenn er ein solches Tanzbein schwänge. Da ist es schon gleichgültig, wer sich die Rocksängerin Turner in Bozen anhört. Das hat mit Volksgruppenfragen nichts zu tun. Österreich, das sich für die Südtiroler Autonomie engagiert hat und engagiert, zäumte in Wahrheit –

wenn der Farbenvergleich gestattet ist – ein trikolorenfarbiges Pferd auf. Daraus kann nur eine europäische Schlußfolgerung gezogen werden: Man zerstörte einen gewachsenen Volksstamm durch bewußte Assimilierung oder Unterwanderung, gewährte dann diesem merkwürdig künstlich geschaffenen Volkskörper eine Autonomie und gebe diesen als Minderheitenschutz oder als ein europäisches Modell aus! Was ist also die Realität der Südtiroler Autonomie? Sie ist kein spezieller Minderheitenschutz, sondern ein Volksgruppenausgleich, der aus demokratischen Gründen notwendig geworden ist, nachdem man den homogenen Volkskörper zerstört hatte.

Die Redensart, es handle sich bei den Italienern um eine Volksgruppe in Südtirol, die ihrerseits eine Minderheit, gar eine nationale Minderheit sei, ist an sich falsch, irreführend, aber folgenreich. Der italienische Bevölkerungsteil ist keine nationale Minderheit, er ist im Grunde ein wohlbehüteter Teil zugewanderten Mehrheitsvolkes, dessen politische Interessen in Rom und von den italienischen Parteien vertreten werden. Aber Wissenschaft und Politik haben heute den Ausdruck gängig gemacht. Es scheint vertretbar geworden zu sein, die Italiener als Minderheit in der Minderheit zu bezeichnen. Der Ausdruck wäre allerdings nur richtig verwendet, wenn die italienische Bevölkerung in Südtirol organisch gewachsen wäre, so wie seinerzeit die Tschechen in Mähren, die Serben in Kroatien, die Armenier in Bergh-Karabach.

Diese politische Struktur der Bevölkerung Südtirols muß in einer Demokratie westlicher Prägung den *Parteienpluralismus* zur Folge haben. Er ist für die Angehörigen des italienischen Bevölkerungsteiles nur zu natürlich, für die Angehörigen der deutschen Volksgruppe ist er eine Folge der politischen Fehlentwicklung in Südtirol. Es gibt eben Gruppierungen in der Bevölkerung der Minderheit, die von einer Sammelpartei eine volksgruppenbewußtere Politik erwarten und, wenn diese nicht gestaltet wird, zum Mittel der Flügelbildung und Parteisplitterung greifen. Auch die Bildung deutschsprachiger Alternativer ist nicht nur dem Erscheinungsbild der europäischen Parteienlandschaft gemäß, sondern ist eine natürliche Folge der von Italien künstlich geschaffenen Bevölkerungsstruktur in Südtirol. Ich erinnere mich nur zu gut, als *Franz Gschnitzer* bei einer politischen Veranstaltung im Inntal die Frage der Mischehen kritisch angeschnitten hat. Der italienische UNO-Delegierte *Martino* hat ihn des Rassismus geziehen! Wer *Gschnitzer* so wie ich kannte, weiß, daß diesem liberalen Denker, Politiker und Gelehrten nichts ferner lag, als rassistisch zu denken. Aber er sah die Volksentwicklung in Südtirol voraus!

Also, die als europäische Lösung beschworene Südtirol-Autonomie ist nicht nur Volksgruppenausgleich, sondern auch *Parteiinteressenausgleich* mit allen Merkmalen westlichen Parlamentarismus und oft gebrandmarkter Proporzpolitik, bei denen die kleinen Parteien unter die Räder kommen. Man muß für diese Art der europäischen Lösung eine praktisch zerschlagene Volksgruppe voraussetzen! Diese muß die Autonomie mit der Mehrheitsbevölkerung teilen. So wird auf Kosten der Existenz der Volksgruppen politischer Frieden gewährt. Ich bin als gelernter Demokrat erstaunt, wie im Südtiroler Landtag die Repräsentanten kleiner Parteien behandelt werden; so als würden sie Politiker zweiter Ordnung, zweiten Ranges und zweiter Güte sein. Die Sätze, die der Landesregierungschef über eine oppositionelle Abgeordnete sprach: »So ein Grünling, so naive Fragen habe ich noch nie gehört ...« »Sie sind ein Grünling, was die Politik anbelangt.« »Wenn Sie eine Ahnung von Politik hätten, dann hätten Sie nicht eine solche naive Frage gestellt ...« (aus der Stimmabgabeerklärung zu den Gesetzentwürfen Nr. 103 und 104/86, in Nr. 137 der Protokolle v. 18.6.1986) sprechen für sich!

Als zweite Bemerkung gilt es auf ein politisch-juristisches Phänomen aufmerksam zu machen, das sich die Teilnehmer an den Verhandlungen über das Paket – zu denen ich gehörte – nicht träumen ließen, zumindest nicht die südtirolischen und nicht die österreichischen Verhandler. Das ist die allmählich sich herausbildende und festigende staatliche *»Ausrichtungs- und Koordinierungsbefugnis« (AKB)* in Autonomieangelegenheiten. Drohend wuchs dieses staatliche Kontrollmittel heran. Von österreichischer Seite kaum bemerkt. Von Südtiroler Seite wurde zu spät erkannt, daß diese Befugnis System haben soll. Sie findet sich schon in dem Rundschreiben Mussolinis über die Aufgaben der Präfektur vom 8.1.1927: »Gäbe es keine Staatsautorität, so fiele man in die vollständige Desorganisation und Zersetzung des Staatswesens zurück ... Jeder paritätische Agnostizismus ist verderblich.« Diese Ausrichtungs- und Koordinierungsbefugnis ist ein besonderes Aufsichtsmittel des italienischen Staates, um seine Interessen auf allen territorialen Ebenen des Staates zur Durchsetzung zu bringen. Diese Befugnis wird mit Staatsgesetz und mit Dekreten ausgeübt und dient der Gewährleistung »nationaler Interessen«. Es braucht nicht betont zu werden, daß eine solche Befugnis in einem bundesstaatlichen Gemeinwesen undenkbar wäre. Aber in einem dezentralisierten Einheitsstaat, wie *Ambrosini* ihn schon 1946 erkannte, ist dies natürlich ein an sich zulässiges Mittel gegenüber dezentralisierten Verwaltungseinheiten. Diese Ausrichtungs- und Koordinationsbefugnis wurde zunächst für Regionen mit sogenanntem Normalstatut (darunter fallen nicht Sardinien, Sizilien, das Aostatal, Julisch-Venezien und Trient/Südtirol) im Jahre 1970 eingeführt. So weit, so gut. Mit dieser Ausrichtungs- und Koordinationsbefugnis kann der Staat praktisch jeden autonomen Willen lahmlegen und ein ganzes Autonomiegefüge zertrümmern. Allmählich, aber seit 1973, hat Rom diese Befugnis kontinuierlich für sich in

Anspruch genommen, um Regionen mit Sonderstatut, dazu gehört Trient/Südtirol, zu steuern. Nicht nur, daß diese Regionen bei Handhabung ihrer primären Gesetzgebungsgewalt in Detailanweisungen angehalten werden, nationale, also italienische Interessenlagen zu berücksichtigen, ihnen wird praktisch auch ein Gesetzesinhalt vorgeschrieben. In 38 Fällen hat Südtirol gegen die Ausübung dieser Befugnis vor dem Verfassungsgerichtshof erfolglos angekämpft. Gefährdet die Handhabung dieser zentralen Aufsicht das italienisch autonome Gefüge an sich, so ist dies ein Problem italienischen Verfassungsrechtes. Wenn es aber die Südtiroler Autonomie betrifft, dann berührt es die Frage des Pariser Abkommens, des Paketes und einmal mehr die Vertragstreue Italiens. Wohl hat der Verfassungsgerichtshof in einem Urteil erkannt, daß auch das Pariser Abkommen seinen Stellenwert im italienischen Rechtsgefüge habe, aber dieser Stellenwert sei verfassungsrechtlich nicht so hochrangig, daß er das »verfassungsimmanente System« des zentralen Aufsichtsrechtes berühren dürfe! Der Gerichtshof sieht also in dieser autonomiegefährdenden Aufsichtskompetenz eine Art »implied power« der Regierung – das heißt, eine mitzudenkende Befugnis. So aber kann Österreich im Jahre 1946 die Autonomie für Südtirol nicht verstanden haben! Ganz Mitteleuropa, einschließlich der früheren österreichischen Kronländer, hat von Autonomie eine andere Vorstellung. In den »Dolomiten« vom 29.1.1927 belehrte man den Südtiroler Untertanen: »... vor allem sei hervorgehoben, daß die Provinz in der italienischen Verwaltungsorganisation etwas grundlegend Verschiedenes ist von den Ländern des Selbstverwaltungskörpers des früheren Österreich.« Dieser Geist scheint nicht tot! Österreich sah diesem Phänomen zwar besorgt zu, hat aber nicht tatkräftig genug gehandelt. Im juristischen Normengefüge Italiens könnte nur ein Verfassungsgesetz dieser Aufsichtswillkür Einhalt gebieten. Alles andere sind

Hilfskonstruktionen, die einmal greifen mögen, das andere Mal nicht. Wenn es Österreich nicht gelingt, seinen Autonomiestandpunkt, der von österreichischer Seite dem Pariser Abkommen und dem Paket zugrunde liegt und der einem internationalen Verständnis von Autonomie näher ist als dem italienischen (siehe *Hannum/Lillich*), gegenüber Italien klarzumachen, dann hat es den Kampf um die Wirksamkeit von Pariser Abkommen und Paket schon im Vorfeld jedes anderen Rechtsstreites verloren!

Kann daher eine Südtirollösung mit einer Autonomiehypothek dieses Kalibers europäisches Modell sein, wenn dem Bewahrer der Autonomie die Gewalt und das Recht eingeräumt wird, jederzeit mit dieser Autonomie im Wege seiner Staatsaufsicht umzugehen, wie es ihm beliebt?

Sieht man sich die ausgeübten Aufsichtsrechte des Staates gegenüber Südtirol näher an, so betreffen sie die für die Gemeinschaft essentiellen Lebensfragen, nämlich:

Kampf gegen die Drogensucht, Koordinierung der öffentlichen Maßnahmen in Land- und Forstwirtschaft, den Landschaftsschutz, das deutsche und ladinische Hörfunk- und Fernsehprogramm, Fremdenverkehr, Programmierung des Gesundheitswesens, Finanzmaßnahmen für Gemeinden mit akuter Wohnungsnot, Konzessionsprobleme der Elektrizitätswirtschaft, Naturparkprobleme, Führung von Landesapotheken, Funktionsfähigkeit von Grenzsanitätsämtern, Erstwohnungskauf durch Arbeitnehmer, Qualität der Oberflächengewässer, Ermächtigungen zum Erwerb von Liegenschaften durch Regionen, Werbe- und Förderungstätigkeiten im Ausland, Aufnahmestopp bei Sanitätseinheiten, Vergabe von öffentlichen Lieferungen, Bergbaupolitik, Koordinierung der Industriepolitik, Bekämpfung von Lebensmittelfälschungen, Neuregelung der nationalen Solidaritätsfonds, Bodenschutzmaßnahmen, gesamtstaatliche statistische Systeme.

Die Autonomie ist durch diese zentralistische Handhabung des Aufsichtsrechtes, gedeckt durch einen ebenso zentralistisch orientierten Verfassungsgerichtshof, von Grund auf gefährdet. Sie ist in den Belangen der Raumordnung, des Volkswohnbaus, der Gesundheit ausgehöhlt. Das ist ein Stück Realität der Autonomie in Südtirol, aber kein europäisches Modell. Jeder Kompromiß in dieser Frage, ob er von Österreich oder Südtirol gutgeheißen wird, ist ein Existenzproblem des Volksgruppenschutzes durch das Mittel der Autonomie. Die Autonomie ist an sich ein begrüßenswertes Mittel des Minderheitenschutzes. Sie gleicht für Südtirol aber einem verbogenen Korsett, das kein europäisches Modell sein kann. Die undurchdringliche Schicht der Bürokraten in den italienischen Ministerien, die beschwichtigenden Diplomaten isolieren die Autonomierealität von den politischen Entscheidungsträgern, die meinen, die Autonomie sei ein europäisches Modell!

Ein weiteres Problem der Autonomierealität stellt die *Registrierung der ethnischen Zusammensetzung der Bevölkerung Südtirols* dar. In allen Minderheitensituationen, wo Randschichten der Bevölkerung beginnen, vom Stamm abzubröckeln – und das ist überall dort der Fall, wo eine vormals ethnisch kompakte Gruppe demographisch verändert wird –, schwindet der kompakte Volkskörper: Familiäre Bindungen, wirtschaftliche Umstände des einzelnen, Mobilitätsbedürfnis, Heimatferne bewirken Entfremdungen und Assimilation durch Integration in andere Volkskörper oder durch Bildung neuer Gruppierungen. Diese Situation beginnt den angestammten Volkskörper in Südtirol zu kennzeichnen. Diese Entwicklung wird durch statistische Technik unterstützt, die imstande sein kann, demographische Daten einer Region zu verändern. Auf dem statistischen Erbe der österreichischen Monarchie (seit 1869) aufbauend, haben auch die Statistiken des italienischen

Königreiches und dann der Republik nach klar ermittelbaren Sprachzugehörigkeiten (Muttersprache, Umgangssprache) gefragt: Welcher Sprachgruppe gehört eine Person zu: der deutschen, der italienischen, der ladinischen oder einer anderen nicht weiter zu identifizierenden? Die Bestätigung der Sprachzugehörigkeit wird in sensiblen demographischen Lagen auch zu einem Volksgruppenbekenntnis. Auf Sprachbekenntnis beruht in Südtirol der ethnische Proporz in einer ganzen Reihe von Verwaltungsgebieten (sozialer Wohnbau, das Stipendienwesen, die Wahlkataster u. ä.). Während in Italien die Volkszählung 1981 nach den eben genannten Grundsätzen durchgeführt wurde, gibt es für die Volkszählung 1991 neue Lösungsvorschläge. Ein neues Zählungskriterium soll eingeführt werden: das Kriterium der Gemischtsprachigkeit. Sollen die Gemischtsprachigen als neue Bevölkerungskategorie neben Deutsche, Italiener und Ladiner treten? Wenn ja, dann müßte sich über kurz oder lang in der Struktur der Autonomie etwas ändern, da diese ihrer ganzen Anlage nach, sowohl was das Autonomiestatut selbst als auch was das Pariser Abkommen betrifft, auf deutsch, italienisch bzw. ladinisch oder im Falle des Pariser Abkommens nur auf deutsch angelegt ist.
Die Sprachzugehörigkeit soll nun zugleich mit der Volkszählung stattfinden und auch »die anderen« erfassen. Die »anderen« jedoch müssen, um in den Genuß des sozialstaatlichen Verteilungsvorganges zu kommen, dann dennoch erklären, unter welchen Sprachkriterien sie sich beteilen lassen wollen. Eine advokatorische Lösung fürwahr, die in der Senatsdebatte vom 18.6.1991 vorgezeigt wurde. Die Volkszählung soll anonym sein, wobei die »anderen« nicht jene »anderen« sind, die nach früheren Volkszählungen eben zu anderen Volksstämmen zählten, sondern jene, die sich politisch als Alternative, das sind vor allem dem Volkstum abholde Deutsch-Südtiroler, gruppieren und

weder deutsch noch italienisch sein wollen. Fürwahr die Wahrung des Freiraums des Individuums, das vom Volkstum nichts hält. Individualität vor Volkstum. Der Interessierte muß die Volkszählungsproblematik heute am Werk *Wilhelm Winklers,* Statistisches Handbuch der europäischen Nationalitäten, 1931, messen! All das ist mit alternativem Widerstand über die politische Bühne gegangen. Aber die »Schutzmacht« Österreich hat daran keinen Anteil genommen.
Die europäische Erfahrung ist, daß Volksgruppenautonomien durch Volkszählungsmanipulationen in ihren Grundfesten erschüttert werden können! Das Werk des Südtiroler Völkerrechtlers *Karl Zeller* hat die Problematik der modernen Volkszählung grundlegend analysiert.

Es hat fast den Anschein, als würde die Politik die eben dargelegten *Hypotheken* in Kauf nehmen. Sie belasten die Autonomie. Erkennt man in der Südtirolautonomie hinsichtlich ihres Ansatzes und ihres politischen Stellenwertes in den Beziehungen zwischen Österreich und Italien dennoch einen Wert an sich, weil sie Subsidiarität und bürgernahe Selbstverwaltung in sich schließt, also besondere Werte gemeinschaftlichen Zusammenlebens in Freiheit und Frieden ermöglicht – gelinde gesagt, nur der Pragmatiker und Ideologe kann dies –, stellt sich die Frage nach ihrer Haltbarkeit. Die Frage nach der *Beständigkeit der Autonomie* muß im Hinblick auf das Schicksal, das ausgeklügeltere Minderheitensysteme erlitten haben (an das Schicksal des Minderheitenschutzsystems der Zwischenkriegszeit sei erinnert), gestellt werden. Welche wirksame Absicherung hat diese Autonomie? Welche Absicherungen hat die durch das Paket präzisierte und erweiterte Südtirolautonomie erfahren? Italien möchte sich mit inneritalienischen Absicherungen vom Problem lösen. Das aber gibt nicht viel her, wenn man die Ausbildung der Ausrichtungs- und Koordinierungskompetenz des italienischen Staates beachtet, wenn man die mühsamen, sich über Jahre hinziehenden südtirolisch-italienischen Verhandlungen über die Erlassung von Durchführungsbestimmungen in Rechnung stellt. Diese waren immer wieder von Regierungskrisen (die 50. italienische Regierung seit 1945 bis heute), Parteidisputen, persönlichen Kränkungen unter Verhandlungsteilnehmern, Verzögerungen und rechtsfremden Kompromissen unterbrochen. Es liegt in der »deutschrechtlichen« Gesinnung der Österreicher und der Südtiroler, daß sie etwas Festes in Händen haben wollen, auf das sie zur Garantie der errungenen Rechte bauen können. Von dem Problem der Garantiefrage waren die österreichisch-italienischen Verhandlungen von 1961 bis 1969, die südtirolinternen Diskussionen in der SVP, die oppositionellen Auseinandersetzungen innerhalb der deutschen-österreichischen Volksgruppe immer wieder geprägt. Wenn man die Durchführung dieses Paketes für genügend ansieht, ja, wenn Österreich sich gar bereit erklärt, eine sogenannte Streitbeilegungserklärung abzugeben, dann kann der Bestand des mühsam erreichten politischen Produkts zugunsten eines Volkes nicht der Garantie einer wetterwendischen Politik, wechselnden parlamentarischen Mehrheiten, sich ablösenden Politikerpersönlichkeiten in Rom, in Bozen, in Innsbruck, in Wien mit je anderer Zielvorstellung überlassen bleiben. Auf einen Wallnöfer, der noch im Jahre 1987 in offener Rede die Behauptung aufstellte, daß über die Selbstbestimmung in Südtirol nicht entschieden sei, der seine Hand zum Gruß an den Rand des Schützenhutes legte, als, wie im Jahre 1959 auch, im Festzug von 1984 die Dornenkrone als ein Symbol des Leides für das getrennte Volk und Land mitgeführt wurde, folgten flexiblere Persönlichkeiten. Die alten Helden werden bald vergessen sein! Man kann das Erreichte auch nicht inneritalienischen »allein Verhandlungen« überlassen. Österreich, der Ver-

tragspartner des Gruber-Degasperi-Abkommens, die vorgegebene Schutzmacht, müßte völkerrechtlich dafür Sorge tragen, daß das Zugestandene auch eingehalten werde.
In den Verhandlungen der Jahre 1961 bis 1969 hat man sich schließlich zur Verabschiedung eines sogenannten *IGH-Vertrages* durchgerungen. Was blieb Österreich auch anderes übrig, als auf diesen Vorschlag einzugehen und ihn auch anzunehmen, nachdem jedes andere italienische Angebot im Jahre 1964 in dieser Hinsicht gleich Null war? Da wollten im Jahre 1966 die Christdemokraten den beiden sozialdemokratischen Außenministern Italiens und Österreichs, *Kreisky* und *Saragat,* den Erfolg, eine Absicherung gefunden zu haben, schließlich nicht gönnen! Heute, 20 Jahre danach, ist es natürlich leicht zu sagen, hätte man den Kreisky/Saragat-Vorschlag 1964 angenommen, dann wäre vielleicht die ganze Paket- und Paketsicherungsdebatte in anderen Bahnen verlaufen. Es sei erinnert: Der Kreisky/Saragat-Vorschlag lief auf eine *befristete Schiedsgerichtsbarkeit* für die damals – im Jänner 1966 – erreichten substantiellen Paketeinigungen hinaus. *Kreisky* verließ nach den österreichischen Nationalratswahlen im März 1966 die außenpolitische Schaltstelle; *Saragat* gab nach den italienischen Parlamentswahlen seine außenpolitische Position auf. ÖVP- und DC-Außenminister traten an deren Stelle. Sie suchten nach einem christdemokratischen Verhandlungserfolg! Die Auffindung eines Mittels kam von italienischer Seite. Sie enthielt einen Vorschlag, der immer in den italienischen Köpfen herumgeisterte: das Südtirolproblem zu einem Rechtsstreit zu machen; dann müsse man ein juristisches Streitschlichtungsmittel ins Auge fassen: Die alte italienische Idee, die in den Verhandlungen vor der Generalversammlung der Vereinten Nationen vorgetragen wurde, daß die Forderung nach der Regionalautonomie für Südtirol einen Rechtsstreit betreffe und daher mit juristischen Mitteln zu lösen sei, wurde in neue Fassung ge-

bracht. Darüber, ob die Paketerrungenschaften abgesichert sind, solle man die Richter des Internationalen Gerichtshofes in Den Haag befinden lassen. Man war italienischerseits bereit, das Pariser Abkommen und einen aus ihm folgenden Rechtsstreit vor dem Haager Gerichtshof justitiabel werden zu lassen. Um diesen Vorschlag optisch etwas zugkräftiger zu machen, bediente man sich des *Europäischen Streitschlichtungsabkommens* aus 1957. Dieses Abkommen sollte für die Südtirolfrage adjustiert werden: Auch das Pariser Abkommen aus dem Jahre 1946 darf eingeklagt werden; Italien werde sich hinsichtlich der Frage der Zuständigkeit dieses Gerichtshofes nicht auf die Einrede der »ratione temporis« berufen. Besser als gar nichts, riet die Mehrzahl der österreichischen Experten den österreichischen Politikern. Diese meinten, ein Weg vor den bislang gefürchteten IGH verschließe einen politischen Weg vor ein internationales Forum nicht. Das offizielle Österreich meinte im Jahre 1969, daß das Paket – die Auffettung der Autonomie als vereinbarte nähere Ausführung des Pariser Abkommens ebenfalls – zwar kraft verwickelter völkerrechtlicher Argumentationen, die vertretbar sind, vom IGH geprüft werden könnte. Je weiter man sich von 1969 entfernt und zur Gegenwart kommt, desto eher spricht die nachfolgende Staatenpraxis Italiens und Österreichs für die offizielle österreichische Rechtsmeinung. Diese Rechtsfrage – kann der IGH unter dem Pariser Abkommen auch die Paketkonformität prüfen? – wird unter den österreichischen und südtirolischen Gruppierungen zum politischen Dauerbrenner. Bis jetzt hat die freiheitliche Opposition im österreichischen Nationalrat unter der advokatorischen Leitung des wortgewaltigen liberalen Politikers *S. Dillersberger* ihr Ja zur Streitbeilegungserklärung von dieser Absicherung des Paketes abhängig gemacht. Italien beharrt auf seinem Rechtsstandpunkt: Das Pariser Abkommen ist schon mit dem Autonomiestatut 1948 erfüllt; das Paket ist nur eine benevolente Draufgabe. Österreich beharrt auf seinem Rechtsstandpunkt: Das Autonomiestatut 1948 erfüllt nicht das Pariser Abkommen, es wird erst durch das Paket substantiell erfüllt. Nun muß man es darauf ankommen lassen! Wer hat im Streitfall die besseren Argumente, um die Richterschaft, die in Den Haag gewohnt ist, knifflige Fragen vorsichtig zu lösen, zu überzeugen, daß Österreichs Standpunkt der richtige ist? Daß dies eine »dünne Suppe« ist, kann nicht bestritten werden. Sie ist jedoch genießbar. Die die Autonomie gefährdende Ausrichtungs- und Koordinierungskompetenz Roms, der Pferdefuß der Autonomie, könnte eine erste Bewährungsprobe liefern. Sie läge greibar nahe, wenn man sie nicht beseitigen kann. Diese Kompetenz der römischen Regierung und des Parlaments stellt zwar eine unbestreitbare Rechtsfrage dar, mit ihr jedoch steht und fällt der politische Wert der Autonomie.

Das italienische Parlament genehmigte im Jahre 1969 den IGH-Vertrag. Das österreichische Parlament hingegen hat den IGH-Vertrag, der von mehreren Regierungen in mehreren Legislaturperioden dem Nationalrat zur Genehmigung vorgelegt wurde, im Jahre 1987 die Genehmigung erteilt und damit für seine Ratifikation (d. i. die völkerrechtliche Verbindlichkeit) grünes Licht gegeben. Nützen müßte es im Moment der im Jahre 1992 scheidende Bundespräsident *Dr. Kurt Waldheim.* Er war ÖVP-Außenminister und gemeinsam mit seinem Vorgänger, *Dr. Lujo Tončić,* der politische Verfechter der Idee des IGH-Vertrages auf österreichischer Seite. Waldheim hätte als Bundespräsident das finalisieren können, was er als Außenminister im Jahre 1969 vereinbarte. Seine Vorsicht riet ihm davon ab. Ein neuer Bundespräsident, ein Helfer K. Grubers, *Ludwig Steiner,* könnte berufen sein, den IGH-Vertrag zu ratifizieren. Ein Federstrich mit schwerwiegenden Folgen! Andere Mittel, die Garantie bieten, Italien zu seinen Zusa-

gen, die es aufgrund Pariser Abkommen und Paket Österreich gegenüber gemacht hat, zu zwingen, sie einzuhalten, gibt es derzeit nicht. Italien will sich nicht eindeutig binden. Es gibt nur politische Brückenköpfe. Ihre Begründung setzt aber voraus, zu wissen, was man im konkreten Falle von Italien begehrt. Ich meine mit meiner Erfahrung im Umgang mit den Vereinten Nationen, daß nur die Forderung nach Anerkennung des Selbstbestimmungsrechtes für die Südtiroler einen sinnvollen Weg, noch einmal die Vereinten Nationen anzurufen, bedeuten könnte – allerdings ist der Ausgang eines solchen Unternehmens durchaus ungewiß. Eine Diskussion darüber, daß Italien in Südtirol die Menschenrechte massiv und systematisch verletze, vor die KSZE zu bringen, ist grundlos. Wir schreiben nicht mehr 1960 und 1961.
Die zentralstaatliche Perversion einer Autonomie, wie sie tatsächlich praktiziert wird, kann deshalb nicht als massive Menschenrechtsverletzung gewertet werden, weil die Menschen unter dieser Autonomie in immer größerem Wohlstand zu leben scheinen. Für den Schutz der Individualrechte sorgen die Instanzen in Straßburg. Man bräuchte sie nur anzurufen. Seit 1961 gibt es aber keine Beschwerde eines Südtirolers, die sich etwa auf die Verletzung der in der Europäischen Konvention für Menschenrechte garantierten Rechte bezöge. Und vor dem Menschenrechtsausschuß der UN das Selbstbestimmungsrecht einzuklagen, hat sich heute als Fehlschlag erwiesen. Eine verunglückte Beschwerde hat das erwiesen. Dorthin mit der Behauptung zu gehen, daß der in Art. 27 des Paktes garantierte Minderheitenschutz nicht gewährleistet sei, hält einer näheren Prüfung nicht stand, weil sofort die Vergleichsfrage gestellt wird: Ja schaut euch doch die Lage in anderen sensiblen Gebieten an: in Rumänien, in Polen, in der Tschechoslowakei, in Zypern, in Kroatien, in Serbien, ganz zu schweigen von der Reihe von afrikanischen Ländern.

Auch die Beklagung in der Sprachenfrage muß durch den Rost fallen, wenn der Südtiroler Landsmann vor dem italienischen Gericht, den italienischen Post- und Fahrkartenschaltern letztlich lieber sein schlechtes Italienisch braucht, um bedient zu werden, als in seiner Muttersprache zu verhandeln.

Alle die Feinheiten, die den Patrioten auf das Gemüt drükken, die den Alltag tatsächlich ausmachen und zur Verkehrung des Landes bis zur Unkenntlichkeit seines natürlichen Ursprunges führten, fallen unter den groben internationalen Rost. Das scheint mir sicher. Aber ebenso sicher scheint es mir, daß ein als Minderheitenschutz ausgegebenes System von autonomen Gemeinschaftsrechten und halbherzig gewählten und angewendeten Individualrechten samt den Sprachrechten keine europäische Lösung für eine Volksgruppe sein kann, wenn es für sie keine wirksame Absicherung gibt, auf die sich Menschen und Gemeinschaften verlassen können.

Diese könnte es aber nur geben:

- für die Sicherung der Autonomie die volle Anwendung des Europäischen Streitschlichtungsabkommens
- und für die Sprachenrechte, das Schulrecht, die Sicherung des ethnischen Proporzes eine internationale Volksgruppengarantie, die kollektive Absicherung aufweist.

Das *Europäische Streitschlichtungsabkommen* stammt aus dem Jahre 1957. Es sieht für die Lösung von Streitigkeiten die unparteiische Tatsachenermittlung, den schiedsrichterlichen Billigkeitsspruch und schließlich den Richterspruch im Falle von Verletzungen internationalen Rechts vor. Der oben besprochene IGH-Vertrag fällt unter das letztgenannte Streitschlichtungsmittel. Dieses hat Italien anerkannt. Die anderen Mittel sind beweglicher. Ihre Anwendung gälte es zu erreichen.

Das wäre ein Beitrag zu einer europäischen Lösung. Die Anwendung dieses Abkommens dürfte natürlich nicht auf das Verhältnis Österreich-Italien beschränkt sein. Die Sprachenrechte, die Rechte der Bildung, die Sicherung des ethnischen Proporzes sind der Kern jedes Volksgruppenschutzes. Er ist hinsichtlich Südtirol heute Italien überantwortet. Was seine papierene Festlegung angeht, so dauerte es von 1946 bis 1990, bis ein Fundament gelegt worden ist – also fast 50 Jahre. In einem solchen Zeitraum könnten Sprachen verlernt, Schulen aufgelöst, Bedienstete in Pension versetzt worden sein. Es kann daher nicht europäisches Modell sein, wenn für ein Minderheitsschutzsystem 50 Jahre lange Verhandlungen aufgewendet werden. Daher sollte die europäische Lehre aus den Erfahrungen mit Südtirol sein, daß im Zuge der europäischen Einigungspolitik rasch ein europäisches Volksgruppenrecht geschaffen wird, das die Minderheitenrechte – individuell und kollektiv – zur Erhaltung der kulturellen Vielfalt europaweit proklamiert und garantiert. Die südtirolischen Erfahrungen von 70 Jahren müssen dafür europaweit Anstoß geben. Es gibt heute Konventionsentwürfe für den Minderheitenschutz im Schoße des Europarates, die von Experten erarbeitet, den politischen Gremien vorgelegt worden sind. Diese müßten rasch einer politischen Entscheidung zugeführt werden. Das hängt von der Bereitschaft und dem Willen der Politiker ab!

Der Streit über die Einhaltung solchen Volksgruppenschutzes sollte auch nicht ausschließlich auf die Schultern *einer* Schutzmacht gelegt werden. Das bedeutete im Falle Südtirol, im 50jährigen Auf und Ab mehr oder weniger getrübter Beziehungen zwischen Italien und Österreich, daß es Beziehungen zwischen den Staaten stört. Die Schutzmacht sollte über den betroffenen Staaten stehen; die Schutzmacht sollten Europa und europäische Instanzen sein. Allerdings müssen die Fehler vermieden werden, die das System einer internationalen Garantie für Minderheiten in der Zwischenkriegszeit ineffektiv gemacht haben. Im gegenwärtigen Europa sollte nicht nur nach dem Binnenmarkt gefragt werden, sondern auch die Garantie der kulturellen Vielfalt in den »europäischen Vaterländern« ein Anliegen sein.

Das ist aber leichter gesagt und gefordert als getan. Die europäische Staatenwelt hat nach dem Zusammenbruch der kommunistischen Systeme in Osteuropa und dem Aufbrechen der durch die leninistische Minderheitenpolitik überdeckten Nationalitätenkonflikte einen Anlauf genommen, die Minderheiten- und Volksgruppenfragen zu einer europäischen Aufgabe zu erklären. Das ist im *Kopenhagener Dokument vom Juni 1990* und in der *Charta von Paris für ein neues Europa vom November 1990* bestätigt worden. Im Zuge dieser Neubesinnung ist es auch zu zwei seit langem vorbereiteten Konventionstexten gekommen, die nun der politischen Prüfung unterzogen werden. Wenn man eine Prognose abgeben darf, so muß man sich an den Vorgängen orientieren, die hinter verschlossenen Türen beim KSZE-Expertentreffen über Minderheitenfragen in Genf im Juli 1991 stattfanden. 35 europäische Delegationen – die atlantischen Staaten USA und Kanada miteingeschlossen – sind zusammengekommen, um daranzugehen, die in Paris getroffenen Verabredungen zu verwirklichen. Der Geist war wohl willig, das Fleisch jedoch schwach. Auf dieser Konferenz ist alles aufgebrochen, was von der Wissenschaft schon seit 70 Jahren – seit den Pariser Friedensverträgen – diskutiert wurde. Nun ging es politisch weiter. Man konnte den Eindruck gewinnen, daß die 35 europäischen Staaten nur dann bereit sind, konfliktlösend einzugreifen, wenn eine Minderheitensituation die Größenordnung des Zerfalls Jugoslawiens erreicht. Der Helsinkiprozeß taugt nicht, dem latenten Konflikt Einhalt zu gebieten. Er muß versagen, wenn eine Volksgruppe und Minderheit im demokratischen Kräftespiel lautlos untergeht. Dem Helsinkiprozeß geht das Mittel präventiver Vorsorge ab.

Die Formeln des Helsinkiprozesses reichen nicht hin, Vorsorge zu treffen, einen Konflikt gar nicht erst entstehen zu lassen. Ein einziger Grundsatz wurde in Genf zum Prinzip erhoben: Die Diskussion und die Behandlung von Fragen nationaler Minderheiten fallen nicht mehr allein in die ausschließliche staatliche Zuständigkeit! Das heißt, die europäische Staatenwelt darf ein wachsames Auge auf eine Minderheiten-Konfliktsituation werfen. Aber um Dispute zu lösen, wie sie etwa in Südtirol im Jahre 1958 aufgebrochen sind, dazu bedürfte es eines anderen Mechanismus! Nämlich besonderer Regeln. Sie lägen in den Konventionstexten des Europarates, würden sie einmal zum Recht erhoben, begründet.
Von jenen, die in Genf Fortschritt verhinderten, gehören Frankreich, Großbritannien, Spanien, Griechenland und die Türkei dem Europarat an. Sie wären imstande, im Ministerkomitee dieses Europarates jeden Fortschritt zu verhindern, den die Annahme der genannten Konventionen erzielen könnte. Wie können also dann die genannten Konventionsentwürfe zum Recht werden?
Also, von der sachlichen Notwendigkeit her gesehen, ist der Einbau des Volksgruppenschutzes in Südtirol in ein europäisches Garantiesystem unerläßlich. Von der praktischen Verwirklichung her muß es im letzten Jahrzehnt dieses Jahrhunderts noch große politische Kraftanstrengungen geben, damit dieser internationale Schutz zur Selbstverständlichkeit wird.
Der Operationskalender stellt nach Abgabe der Streitbeendigungserklärung einen italienisch-österreichischen Freundschaftsvertrag in Aussicht. Die internationalen Beziehungen kennen Freundschaftsverträge aller Art. Sie haben unterschiedliche Bedeutung. Die UdSSR und die früheren Ostblockstaaten sowie andere kommunistische Staaten der Dritten Welt haben sich mit solchen Freundschaftsverträgen geradezu überzogen. Manche haben die

Grundlage für Aggression und Intervention geboten. Der zwischen Großbritannien und der Republik Irland abgeschlossene Freundschaftsvertrag bezieht sich auch auf das Selbstbestimmungsrecht der nordirischen Bevölkerung. Ein Freundschaftsvertrag zwischen Österreich und Italien vom 6.2.1930 hatte einen Streitschlichtungsmechanismus vorgesehen. Nun sollte es nach Abgabe der Streitbeendigungserklärung erneut zu einem Freundschaftsvertrag zwischen Österreich und Italien kommen. Allerdings ist dieser Vertrag nicht einmal in den Grundzügen entworfen. Einige Überlegungen sind da und dort angestellt worden. Wenngleich die Natur eines Freundschaftsvertrages nur auf die Angelegenheiten der vertragschließenden Partner abgestellt ist, so könnte ein moderner Freundschaftsvertrag, der einen Prozeß der Verhandlungen über die Sicherstellung einer nationalen Minderheit abschließt, auch europäische Dimensionen gewinnen. Die europäische Dimension eines solchen Freundschaftsvertrages könnte darin liegen, daß Österreich und Italien erklären, die sie betreffenden Minderheitenfragen und Streitigkeiten aus diesen einem europäischen Streitschlichtungsmechanismus zu unterwerfen, wie er von den im Europarat erarbeiteten Konventionen vorgesehen ist. Das würde die Lösung der Südtirolfrage wahrlich zu einem europäischen Modell machen. Dem einzelnen, dem Staat und der Volksgruppe selbst sollte die Möglichkeit geboten werden, sich der europäischen Konventionen, wenn sie Völkerrecht geworden sind, zu bedienen.

Aus allen diesen Gründen sollte man der Streitbeendigungserklärung, die in der Luft liegt oder im Zeitpunkt des Erscheinens dieser Schrift eben abgegeben ist oder in allernächster Zukunft abgegeben werden könnte, nicht so viel Gewicht beimessen. In Wahrheit geht diese Streitbeendigungserklärung, die in den Jahren 1964 bis 1969 abgefaßt worden ist, heute, im Jahre 1991, an der Sache vorbei, wenn diese Sache Südtirol sein soll. Sie ist eine je nationale Erklärung. Sie soll beruhigen, kann aber nicht mehr gestalten!

Der Text dieser Erklärung wurde im österreichischen Nationalrat schon 1969 vorgestellt. Er ist auf S. 186 abgedruckt. Die Erklärung wird von Pragmatikern so gedeutet, daß man mit ihrer Abgabe in Europa das Südtirolproblem vom Halse hat. Von anderen wird sie so gesehen, daß man mit dieser Streitbeendigungserklärung den Schlußstrich unter eine »Frage des europäischen Gewissens« zieht, das seit der Verweigerung der Selbstbestimmung in den Jahren 1919 bis 1946 auf Europa lastet. Dazu kommt der Refrain: Österreich bleibt für Südtirol Schutzmacht für alle Zeiten (Dolomiten v. 27./28.4.1991).

Realistisch betrachtet, bedeutet die Streitbeendigungserklärung, daß Österreich und Italien den von Österreich im Jahre 1960 vor der Generalversammlung der UN anhängig gemachten Disput deshalb als erledigt betrachten, weil Italien im Paket für Südtirol eine bedeutende Autonomie *zugesagt und auch durchgeführt hat, eine Autonomie,* die in ihrer Substanz einer Regionalautonomie gleichkommt. Daher wird dieser Streit für beendigt erklärt. Das ungeachtet der Rechtsstandpunkte. Nicht mehr und nicht weniger bedeutet diese Streitbeendigungserklärung. Sie kann nicht bedeuten, daß Österreich nun seine Stellung als »Schutzmacht« aufgeben müßte, sie kann nicht bedeuten, daß Österreich auf die in mehreren internationalen Instrumenten niedergelegten Rechtstitel zugunsten Südtirols verzichten müsse, sie kann Österreich in den internationalen Beziehungen keinen Maulkorb anlegen, nicht vor der UNO, nicht im Europarat, nicht in der EG, nicht in der KSZE. Streitbeendigungserklärung bedeutet nicht, daß Südtirol nun allein gelassen ist. Sie hat auch mit einem Verzicht zu Lasten der Selbstbestimmung der Südtiroler nichts zu tun.

Wenn man die hier beschriebenen Hypotheken beachtet,

mit denen die Autonomie belastet ist, so ist zu erkennen, daß die Autonomie, so wie sie ausgestaltet wurde, kein europäisches Modell sein kann. Daher stellt der Text der Streitbeendigungserklärung aus 1964/69 einen Anachronismus dar. Er ist nur als eine diplomatisch-politische Pflichtübung zu werten. Denn die Südtirolfrage ist mehr als dieser Autonomiestreit, der vor die Vereinten Nationen getragen wurde. Die Südtirolfrage ist keine Frage von Juridismen; sie ist anders geworden.

Die Südtirolfrage ist auch zum Generationenproblem geworden: Menschen, die heute 25 Jahre alt sind, waren zur Zeit der Ausformulierung der Streitbeilegungserklärung noch nicht geboren; Menschen, die für die Selbstbestimmung Südtirols im Jahre 1961 zur Gewalt gegriffen haben, sind heute als Veteranen vergessene Patrioten; Menschen, die im Jahre 1946 die Selbstbestimmung für Südtirol gefordert haben, sind heute 44 Jahre älter, und Menschen, die die leidvolle Zeit Südtirols nach 1919 bewußt miterlebt haben, sind inzwischen 90 – als Kaiserjägerveteranen – oder 67 als frühere Grenzgänger, die als Mitglieder des Andreas-Hofer-Bundes Boten österreichischen Patriotismus gewesen sind. Die Streitbeendigungserklärung wird nicht nur der wahren Lage der Autonomie nicht mehr gerecht, sondern auch nicht der südtirolischen, der nordtirolischen und österreichischen, aber auch der italienischen Gesellschaft.

Vor allem die *südtirolische Gesellschaft* hat sich vom Grunde auf gewandelt. Nicht zuletzt kraft der Ergebnisse der Autonomie. Sie ist nur am flachen Lande, auf den Höhen und den Tälern eine Agrargesellschaft geblieben, mit einer Bauernschaft, die der bitteren Armut der Zwischenkriegszeit entronnen ist und die Vorteile von EG-Arrangements – sehr zum Neid der österreichischen Bergbauern – für sich buchen kann. Aber sonst ist Südtirol eine Fremdenverkehrsgesellschaft. Das Land wird von Italienern und Deutschen, die die Städte und Orte, die Berge auf Wanderwegen und Klettersteigen durchstreifen, die Märkte und Kaufhäuser überfluten, die die Sonne suchen, den Wein und die ihr Geld ins Land bringen, gerne als Ferienziel erwählt. Daneben ist Südtirol eine kleine Industriegesellschaft, zu der es vor allem dank der Initiative Mussolinis geworden ist. Und die Autonomie ist zu einem Normenkomplex geworden, an dem sich Fachleute, Berufspolitiker, Berufsdiplomaten, Beamte aller Ämter in Südtirol, Rom, Bozen, Innsbruck und Wien die Zähne ausbeißen mögen. Das Volk aber ist im gesamten gesehen an den zahlreichen Problemen der Autonomie kaum interessiert – auch wenn es von ihnen betroffen ist. Auch die Neuordnung der Sprachenrechte hat niemanden mehr von den Stühlen gerissen, und wenn man aufmerksam die Verwirklichung der Sprachautonomie verfolgt, so wird man gar wohl feststellen müssen, daß die, für die die Sprachautonomie erstritten wurde, sich ihrer kaum bedienen. Vor dem Schalter bei Post und Bahn bedient sich auch der biedere Südtiroler, der vorher noch im breiten Dialekt seine Witze über die Verschlafenheit der italienischen Staatsangestellten gemacht hat, des Italienischen, wenn er die Amtshandlung erwünscht. Der italienische Angestellte erfüllt das Begehren wahrscheinlich prompter, als würde er in Deutsch angesprochen. Im Gerichtssaal und vor den Karabinieri werden die Südtiroler rascher zu ihrem Recht kommen, wenn sie sich ihres Italienischen bedienen – und nicht von ihrem Sprachenrecht Gebrauch machen. Es fehlt das Volksbewußtsein, für das man noch vor einigen Jahren gekämpft hat, fast vollends. Mit der Autonomie und ihren Problemen werden auch in Österreich, ja auch in Tirol, keine Wählerstimmen gewonnen. Und natürlich auch nicht mit dem Ja oder Nein zur Streitbeendigungserklärung in

dieser oder einer anderen Form. Die Südtiroler Jugend hat an den Erfolgen und Mißerfolgen der italienischen Equipe der Fußballweltmeisterschaft 1990 mehr Anteil genommen als am österreichischen Fußballdebakel. Die Jugend ist weitgehend zu einer integrierten deutsch-italienischen Jugend geworden. Niemandem würde es einfallen, den Waffendienst in der italienischen Armee deshalb zu verweigern, weil der Gedanke laut würde, es handle sich bei den in Bruneck, in Sterzing, in Bozen, in Eppan und anderswo stationierten Streitkräften um eine Besatzungsarmee. Der oppositionelle Politiker, der dies sinuiert, findet kaum Gehör. Auch der südtirolische Student, der an seiner Landesuniversität in Innsbruck studiert, wird nicht darum österreichischer, weil er zum Wochenende »hinein fährt« und sonst für sich bleibt. Es mag sich eine Art kleiner Separatismus und ein Anderssein als solches herausgebildet haben, jedenfalls ist die Entfremdung von Österreich, das Altlandeshauptmann und Alt-Parteiobmann Magnago noch vor kurzem als das Vaterland der Südtiroler beschworen hat, unüberhörbar. Daher die Appelle der vereinigten Schützen aus Nord und Süd des Landes, Tradition und Gemeinschaftsbewußtsein zu pflegen, und auch die Überlegungen, die die tirolischen Spitzenpolitiker anstellen, um neues Landesbewußtsein und den Gedanken an die geistige Eigenheit des Landes wachzuhalten.
Es passen also Autonomie und Streitbeendigungserklärung einerseits und die gesellschaftspolitische Wirklichkeit in Tirol und natürlich auch in Österreich in bezug auf Südtirol nicht mehr zusammen. Auch das Aufflackern faschistoider Züge inmitten der italienischen Bevölkerung Südtirols kommt einem Anachronismus gleich, der bizarre Formen aufweist, die oft erschreckend sind. So die Entscheidung, das kolossale Siegesdenkmal um viel Geld doch zu restaurieren und dabei nicht im entferntesten daran zu denken, die inkriminierenden und hoffärtig beleidigenden Musso-

lini-Inschriften, die auf dem Denkmal angebracht sind, dem Museum als Erinnerung an eine unheilvolle Zeit zu überantworten. Die Resonanz gegen diese Römer Entscheidung war nicht so eindrucksvoll, daß man hätte sagen können, hier habe des Volkes Stimme gesprochen. Die Sammelpartei sah sich veranlaßt, ihre Zurückhaltung zu rechtfertigen: »Die SVP hat es jedem freigestellt, sich am Protestmarsch der Schützen zu beteiligen. Sie hat gleichzeitig beschlossen, ... diesen Fall nicht zum Anlaß zu nehmen, um eine Großkundgebung der SVP und des Südtiroler Volkes zu veranstalten ...«

Die Volkskundgebung für Südtirol, die am 15.9.1991 auf den Grieser Bergwiesen, hart an der auf der Landkarte eingezeichneten Brennergrenze stattfand, lockte zwar einige Tausend Menschen an, aber doch nur wenige im Vergleich zu jenen Zehntausenden, die die Südtirolfrage 1946 bewegte.

Es zeigt sich also, daß der Ruf nach Selbstbestimmung für Südtirol mit dem Wenn und Aber, mit dem »mehr« oder »weniger Vorteil« für eine durch Wohlstand gesättigte Gemeinschaft abgewogen wird und dabei die Einsicht in den Wert von Nation und Volkstum ganz außer Betracht bleibt. Vor Ordnung, Ruhe, Sicherheit und Wohlstand, durch die italienische Rechtsordnung und Autonomie garantiert, bleibt eine wirksame Selbstbestimmungsforderung auf der Strecke. In einer solchen Situation hätte die Forderung nach Selbstbestimmung nur mehr im Emotionalen ihren Grund. Eine solche Emotion aber wird im deutschen Sprachraum als europafeindlicher Nationalismus, als Anachronismus, als Ruf nach Kleinstaaterei abgetan.

5
Regionalismus – ein Kompromiß im »Europa der Vaterländer«

Die Südtirolfrage gewinnt über die Autonomie und die Streitbeendigungserklärung hinaus – von einer etwaigen Selbstbestimmungsforderung, dem Festhalten an der Brennergrenze oder der Forderung, einen Freistaat Südtirol zu errichten, abgesehen – jedoch aus ganz anderen Gründen eine europäische modellhafte Bedeutung. Dabei hat natürlich eine gute Autonomie als Ausdruck moderner Selbstverwaltung und speziellen Minderheitenschutzes ihre Rolle zu spielen. Südtirol, ja überhaupt Tirol einschließlich des ehemaligen Welschtirols, der heutigen Provinz Trient, bildet einen *charakteristischen Lebensraum* gleichartiger Kulturen, Traditionen, Rassen, Landschaften und Menschen; er ist auch mit gleichartigen Problemen belastet: der Umweltgefährdung, dem Tourismus als Freud und Last, der Verkehrsbelastung, weil eine Paßlandregion, und von gleichartigen politischen Strukturen – der pluralistischen Demokratie in Ländern, Provinzen und Gemeinden – getragen. Südtirol und seine Autonomie müssen in diesem Zusammenhang gesehen werden, um Raum und Handlungsspielraum nach der Abgabe einer Streitbeendigungserklärung für Europa zu gewinnen.
Schlagwort und zukunftsweisend müßten sein: *Südtirol und Tirol als Modell einer europäischen Region in den Dienst Europas zu stellen* und damit auch der Minderheitenpolitik zu dienen. Diese Region reicht ins Trientinische ebenso wie in das Bayerische, in das Salzburgische ebenso wie in das Vorarlbergische, sie berührt auch Schweizer Re-

gionen. Die Alpenregion ist eine mitteleuropäische Region. Diese gälte es zu realisieren. Grundsteine dafür sind durch das Pariser Abkommen gelegt. Es ist die Basis für ein Abkommen europäischen Zuschnittes: das Accordino. Das ist das eine. Das andere ist die Regionalismuskonvention des Europarates von 1980 (European Outline Convention on Transfrontier Co-operation Between Territorial Communities or Authorities). Sie ist die flankierende Maßnahme zu der von *Eduard Wallnöfer* aus der Taufe gehobenen »Arge Alp«. Sie ist ein ungemein aktiver regionaler Zusammenschluß, der die Staaten, Länder, Kantone, Provinzen Bayern, Tirol, Südtirol, Trient, die Lombardei, Salzburg und Vorarlberg umfaßt. Sie kann zum Aktivposten europäischer Einigungsbewegung werden. Sie kann mit den die Region unmittelbar betreffenden Fragen der Umwelt, des Verkehrs, der Gesundheitspflege, des Tourismus, des Handels befaßt werden. Sie kann als Modell, eine Art »Antibrüssel«, langsam, aber stetig wachsen.
Das *Accordino* ist im Pariser Abkommen vorgesehen und schafft eine Art Freihandelszone mitten im Alpenraum. Es hat sich bewährt und ist erweiterungsfähig.
Im Zuge der hektischen und kontroversiellen Verhandlungen über das Pariser Abkommen, die im August/September 1946 in Paris geführt wurden und über die der Bericht der Südtiroler Verhandlungsdelegation beredte Auskunft gibt (siehe meine Ausgabe »Geheimbericht der Südtiroler Delegation zur Pariser Konferenz 1946«, 1986, und *Golowitsch/Fierlinger,* »Kapitulation in Paris 1946«, 1989), findet sich ein Gedanke, der über das System eines Volksgruppenschutzes hinaus in die europäische Zukunft weist. Man erwartet diesen Gedanken nicht, wenn man vom politischen Konflikt über die Selbstbestimmung und das Ausmaß der Autonomie Südtirols gefesselt ist. Der Gedanke, den ich meine, liegt in Zif. 3 lit. d) des Pariser Abkommens begründet. Hier heißt es: »In der Absicht, gutnachbarliche

Beziehungen zwischen Österreich und Italien herzustellen, verpflichtet sich die italienische Regierung, in Beratung mit der österreichischen Regierung binnen einem Jahr nach Unterzeichnung dieses Vertrags: ... d) besondere Vereinbarungen zur Erleichterung eines erweiterten Grenzverkehrs und eines örtlichen Austausches gewisser Mengen charakteristischer Erzeugnisse und Güter zwischen Österreich und Italien zu schließen.« Dieser Passus geht auf eine Idee des italienischen Verhandlungsführers in Paris, *Nicolò Graf Carandini* (1895–1972), zurück. Während *Gruber* öffentlich noch die Selbstbestimmung für Südtirol verlangte, traf er sich mit *Carandini. Carandini* sagte *Gruber* gegenüber Autonomie für Südtirol zu. Er meinte laut dem späteren italienischen Verhandlungsführer Professor *M. Toscano:* »Hinsichtlich der Verbesserung der österreichisch-italienischen Beziehungen sei Italien bereit, seine Freundschaft zu zeigen, indem es eine Zollunion nach den seinerzeitigen Plänen von 1926 anbietet. Auf diese Weise würden beide Länder enger miteinander verbunden, und der Brenner würde somit nur noch zu einer politischen Demarkationslinie werden«. *Gruber:* »Was jedoch die vorgeschlagene Zollunion betreffe, so könne der Plan zum gegenwärtigen Zeitpunkt nicht in Betracht gezogen werden, da er von der alliierten Kontrollkommission nicht genehmigt würde. Man könne die Idee jedoch für die Zukunft im Gedächtnis behalten.« (*M. Toscano,* Alto Adige – South Tyrol, 1975, S. 99) Von da an findet sich der Passus über eine Art Zollunion in allen Vertragsentwürfen des Pariser Abkommens in je leicht geänderten Formen.

Diese Bestimmung des Pariser Abkommens nahm *Graf Carandini* zum Anlaß, das *Pariser Abkommen als eine europäische Lösung* zu charakterisieren. Zu der Frage einer allfälligen Zollunion würde man *Carandini* recht geben müssen, daß in ihr ein europäisches Modell begründet liegt.

Carandini weist in seiner Schrift »The Alto Adige, An Experiment in the Devaluation of Frontiers« (1956) darauf hin, daß es der englische Politiker *Bevin* schon im Januar 1946 war – also noch bevor Österreich die Selbstbestimmungsforderung aufgab –, »who first toyed with the idea of a ›devaluation‹ of that frontier by means of a future Italo Austrian Customs Union«. Statt politischer Lösungen besser wirtschaftliche Lösungen zu suchen, war offenbar das Ziel. Von Tiroler Seite war es ein Wirtschaftspolitiker, der die europäische Bedeutung dieser Klausel erkannte: der frühere österreichische Wirtschaftsminister *Guido Jakoncig*. Ihm wurde ein vor dem Ständigen Internationalen Gerichtshof behandelter Fall, nämlich der der *Zollfreizone von Hochsavoyen und Gex von 1929,* zum Vorbild.

1) Der Fall der Freizonen in Obersavoyen und im Distrikt von Gex (Genfer Zonenstreit) x/Order des StIG vom 6. Dezember 1930, Serie A, Nr. 24)
a) Die besondere geographische, wirtschaftliche und militärische Lage Genfs hatte zu einer eigenartigen völkerrechtlichen Ordnung seiner Beziehungen zur Umwelt geführt. Durch eine lange Vorgeschichte vorbereitet, wurde diese Ordnung grundlegend bestimmt durch die Wiener und Pariser Verträge von 1815 und dem Turiner Vertrag von 1816. Durch diesen Vertrag wurden gewisse neutralisierte Zonen und Freizonen eingerichtet. Diese Freizonen bestanden darin, daß die betreffenden französischen Gebiete zollrechtlich zu Genf und damit zur Eidgenossenschaft gehörten. Im Friedensvertrag von Versailles wurde in Art. 435 Abs. 2 die Zustimmung der Signatare der ursprünglichen Verträge dazu erlangt, daß die Neuordnung dieser Freizonen, »die den heutigen Verhältnissen nicht mehr entsprechen«, ausschließlich Sache eines Übereinkommens zwischen Frankreich und der Schweiz sein sollte. Es kam zwischen Frankreich und der Schweiz in der Folge

zu einem Streit, der durch einen Schiedsvertrag dem Ständigen Internationalen Gerichtshof vorgelegt wurde.
b) Streitfrage war unter anderem, ob Art. 435 Abs. 2 des Vertrages von Versailles den Bestimmungen der Verträge von Paris (1815), des Vertrages von Turin (1816) und des Manifestes des sardischen Rechnungshofes von 1929 bezüglich des wirtschaftlichen und Zollregimes in den Freizonen von Obersavoyen und Gex derogiert hätten. In seinem 1. Erkenntnis kam der Ständige Gerichtshof unter anderem zu dem Schluß, daß dieser Art. 435 den oben genannten Bestimmungen nicht derogiert habe. Dabei behielt er sich aber die Frage der Beurteilung der Rechtsnatur des sardischen Manifestes des Rechnungshofes vor. In der gegenständlichen Order klärt er auch diese Frage, um die Verhandlungen zwischen Frankreich und Schweiz zu erleichtern. [Gegenstand des Verfahrens war nämlich nicht nur die Beantwortung von Rechtsfragen, sondern der Internationale Gerichtshof spielte auch eine gewisse Rolle bei der Abklärung von Vorfragen, womit den beiden Streitparteien bei der Abschließung des im Versailler Vertrag vorgesehenen Abkommens über die Neuregelung der Zonen gedient sein sollte.] Das Manifest erging als ein einseitiger innerstaatlicher Akt der Gesetzgebung. Das Manifest (vom 9. September 1829) regelte Fragen der Zollgrenze und ist als eine sardische Verwaltungsschrift anzusehen. [Man findet es auf Seite 950 der Annexe zum Freizonenstaat, IV, Serie C.]
Der Fall ist auch für die Autonomie Südtirols von Bedeutung, weil eine nachgerade vollständige Analogie zum gegenwärtigen Problem vorliegt: Art. 3 des Vertrages von Turin (1816) bestimmte in großen Zügen die Zollgrenze. Die in diesem Vertrag verwendeten Ausdrücke waren ungenau und gaben Anlaß zu Streitigkeiten. Auf Grund dieser Streitigkeiten gab der König von Sardinien (im Jahre 1829) den Ansprüchen, die von der Schweiz gestellt wurden,

Folge – unter dem Vorbehalt, daß er nicht der Ansicht sei, daß die Ansprüche der Schweiz rechtens seien –, und das Manifest des sardischen Rechnungshofes wurde erlassen. Der StIG bewertete dieses Manifest als eine Interpretation des Turiner Vertrages, welche in einer *Sardinien bindenden* Weise festlegt, was das Recht im gegenständlichen Fall zwischen den Parteien sei (»what the law was to be between the Parties«).

Jakoncig und der Tiroler Wirtschaftspolitiker *Oberhofer* analysierten die Entstehungsgeschichte der Idee und die Verwirklichung dieses Planes Zollfreizone. Völlig unabhängig vom Autonomiestreit zwischen den Südtirolern, den Österreichern und Italienern gingen die Pragmatiker ans Werk. Sie bemühten sich, der genannten Bestimmung des Pariser Abkommens Gestalt zu geben. *Jakoncig* schildert die Phasen der mühsamen Verhandlungen. Sie wurden zunächst eher von italienischer Seite denn von österreichischer Seite gefördert. Wenn man den von *Jakoncig* geschilderten Verhandlungsablauf, den er in die Phasen 8. Oktober 1946 bis 22. November 1946, 22. November 1946 bis Juni 1947 (»Bozen-Zurückhaltung«), Mitte Juni 1947 bis November 1948 (»Einengung durch Wien und Rom«), November 1948 bis Juli 1949 (Intrigen) gliederte, verfolgt, dann zeigt sich, daß es ausschließlich die Beharrlichkeit der Wirtschaftspolitiker gewesen ist, die einen Sondervertrag zwischen Österreich und Italien – das Accordino – durchzusetzen vermochte. Der tirolische Initiator meinte: »Freundschaftliche und aufrichtige Verhandlungen mit unserem Vertragspartner haben sich beim Accordino in der Weise ausgewirkt, daß dieser Vertrag den Sinn und den Buchstaben des Gruber-Degasperi-Abkommens zum Nutzen der Bevölkerung bei weitem übertroffen hat. In diesem Sinne weist dieser Vertrag in die Zukunft, und es ist nur zu wünschen, daß dieses Beispiel beherzigt wird.«

(TT v. 1965). Dieses Accordino sollte auf wirtschaftspolitischem Gebiet die wirtschaftlichen Nachteile der politischen Grenze beseitigen. Die Waren, die aus Nord- und Südtirol wechselseitig zur Einfuhr gelangen, sollen in beiden Staatsgebieten abgesetzt werden dürfen.
Der lokale Austausch landescharakteristischer Erzeugnisse sollte weder durch Einfuhr- noch durch Ausfuhrverbote noch durch sonstige Maßnahmen und Beschränkungen gehindert werden. Die Waren müssen in den begünstigten Regionen ihren Ursprung haben, damit sie in Österreich und Italien vermarktet werden können. Die entsprechenden begünstigten Kontingente werden bis heute laufend durch gemischte Kommissionen festgesetzt.
Es scheint klar zu sein, daß dieses Accordino dem Nordtiroler Wein und Obst aus Südtirol besonders preisgünstig und schmackhaft macht. Der Innsbrucker wird nicht zu den »Brenner-Märkten« streben, die sich an der politischen Grenze zwischen Italien und Österreich, Tirol teilend, gewohnheitsmäßig herausgebildet haben. Ein Gefühl von weniger Grenze ist gegeben. Wie sich dieses Accordino als ein typisch regionalistischer Zusammenschluß innerhalb einer Region für den Warenbereich halten kann, wenn das zentrale Brüssel seine Ordnung auch auf Österreich erstrecken wird, bleibt abzuwarten.

Grenzüberschreitender Regionalismus wird nur dann dauernden Bestand haben können, wenn er durch verbindlichere Formen institutionalisiert ist. Ich habe die effekthascherische Presse verwundert, als ich im Zusammenhang der Beziehungen zwischen Österreich und Slowenien von denkbaren staatenbündischen Verhältnissen gesprochen habe, die die Bande in Mittel- und Osteuropa enger schnüren könnten. Dennoch wäre es gerade die staatenbündische Form, um Flexibilität der Zusammenarbeit auf institutionalisierter Ebene zu ermöglichen und Kleinstaaterei zu verhindern. Natürlich muß man wissen, was ein Staatenbund ist! Er ist der Zusammenschluß von zwei oder mehr Staaten für zwei oder mehrere Sachgebiete, ohne daß dadurch eine Aufgabe der Souveränität der Staaten erforderlich wäre. Das staatenbündische Zusammengehen schließt natürlich enger zusammen als irgendeine andere bilaterale Vereinbarung, es kann auch kleine Gemeinwesen verbinden. Manchem Bundesstaat ist der Staatenbund vorausgegangen.

Gerade zur Lösung von Volksgruppenproblemen scheinen mir staatenbündische Modelle zielführend zu sein. Das gilt nicht nur für die Alpenregion. Accordino, wohlverstandener Volksgruppenausgleich und Alpenregion mit institutionellen Strukturen, für die vor allem die Schweiz, Österreich und Bayern einen wichtigen Grund gelegt haben (diese Staaten haben ihren Ländern und Kantonen die Möglichkeit gegeben, mit Nachbarstaaten Verträge abzuschließen), das ist das europäische Modell! Die Ideen *Carandinis* und *Jakoncigs* gilt es zu festigen.

Das Völkerrecht bietet genug Spielformen, um ein solches Projekt zu einem echten Zukunftsmodell europäischen Regionalismus als Gegenkraft zum bürokratischen Brüssel zu machen.

Ein solches Projekt paßt als modernes europäisches Gebilde auch in den Donauraum, es könnte dazu beitragen, Teile Bayerns, Österreichs, die ehemaligen Sudetenländer, aber auch Gebiete in der Slowakei, Ungarn und Österreich, Gebiete diesseits und jenseits der schmerzhaft gezogenen Oder-Neiße-Linie regional zu formen und so Volksgruppenausgleich zu schaffen. Aber auch jugoslawische Regionen einzubinden.

Es gibt lebende Beispiele europäischer Regionen: Regio Basilensis/Oberrheingraben, Interessengemeinschaft Moyenne Alsace Breisgau *(Cimab),* die Arge Alp, die Arbeitsgemeinschaft Alpen-Adria, die Arbeitsgemeinschaft der Kantone und Regionen der Westalpen *(Cotrao),* die Arbeitsgemeinschaft der Pyrenäen, die Arbeitsgemeinschaft der Jura, der Genfersee-Rat, die Arbeitsgemeinschaft der Donauländer und nun auch die Regio Egrensis an der Schnittlinie bayerischer und böhmischer Interessen. Sie alle haben keine festen Konturen, sind auf lockerem Grund gebaut.

Der wahre demokratische Regionalismus

- bedarf einer parlamentarischen Versammlung, bestehend aus den Delegierten der lokalen Parlamente und den in den Regionen wirkenden Ständen und lebenden Völkerschaften;
- er bedarf einer regionalen Regierung, die aus den Repräsentanten der lokalen Regierungen bestehen soll, mit einem Exekutivbüro und dem entsprechenden Exekutivsekretär als einer konstanten Einrichtung;
- er bedarf einer ausgleichenden Schiedsstelle;
- er bedarf einer mit Brüssel kooperierenden Koordinationsstelle, und
- er bedarf einer sicheren finanziellen Grundlage.

Alles andere sind bescheidene Ansätze.

Der Zusammenschluß der Regionen muß vertragsmäßig erfolgen. Ein Vertrag, der die Regionen als eine Staatenverbindung zwischen dem Staat (Bundesstaat) und dem Staatenbund ansiedelt. Die Stunde Europas ist nicht das Europa der Vaterländer – das ist ein nationalistisches Konzept –, sondern das Europa der Regionen. Sie sind samt und sonders älter als die Vaterländer. Die Vaterländer sind Produkte der Nationalstaatsidee des 19. Jahrhunderts. Die Regionen sind aus wirtschaftlichen, ethnischen, kulturellen, verkehrsmäßigen Erschließungen längst gewachsen, wurden durch die nationalen Grenzen getrennt. Ansätze für diese neuen Regionen sind in Europa vorhanden. Die Alpenregion ist ein Ansatz, aber eben nur ein Ansatz, der keine politische Gestaltungskraft hat.

Die bisherigen Entwürfe des Europaparlaments für die verfassungsmäßigen Grundlagen der europäischen Union vom 12.12.1990 berücksichtigen die Völker Europas und die Volksstämme überhaupt nicht. Wohl wird unter Berufung auf Entschließungen des Europäischen Parlaments vom 12.7.1990 und vom 21.11.1990 vom Grundsatz der Subsidiarität gesprochen, wohl beruft man sich auf die Entschließung vom 18.11.1988 zur Regionalpolitik und zur Rolle der Regionen. Aber den Völkern und Völkerschaften Europas wird keine Stellung in diesem europäischen Konzept eingeräumt. Nur den Staaten. Die Grundrechte und Grundpflichten des Konzeptes der europäischen Union enthalten keine Volksrechte. Das Selbstbestimmungsrecht der Völker wird nicht zum tragenden Prinzip erklärt, die Volksgruppen und Minderheiten werden nicht berücksichtigt. Es bahnt sich hier eine politische Entwicklung Europas an, die die Gründe europäischer Konflikte – nämlich Völker und Völkergemeinschaften – ausklammert. Wie sehr dies der Fall ist, hat die EG, repräsentiert durch drei in solchen Belangen ahnungslose Politiker, den Deutschen Genscher, den Luxemburger Poes und den Italiener Michaelis, die so auftraten wie weiland *Woodrow Wilson,* die über ihre Kirchtürme nicht hinwegsehen konnten, bei ihrer Mission in Jugoslawien gezeigt. Solange das Verhältnis der EG zu ihren Völkern und Völkerschaften nicht institutionell geklärt ist, muß auch eine Autonomie Südtirols durch den europäischen Rost fallen, weil diese Autonomie auf dem Wert der Völkerschaften gründet, die für die derzeitige EG aber uninteressant sind!
In Genf stand bei dem KSZE-Expertentreffen im Juli 1991 der grenzüberschreitende Regionalismus als Mittel des Minderheitenschutzes zur Debatte. Hiebei schieden sich einmal mehr die Geister. Einige Bruchstücke des Gedankenaustausches mögen deutlich machen, daß das Erbe Eduard Wallnöfers noch nicht zum Gemeingut geworden

ist. Delegationen von Staaten mit heißen Grenzen wie die Polen und die Tschechen haben begriffen, daß grenzüberschreitender Regionalismus auch zur Befriedung von Minderheitenkonflikten dienen könnte. Andere hingegen nicht: So hat der rumänische Delegierte sich mehrfach wiederholend erklärt, daß regionale Abkommen nicht für die Lösung von Minderheitenproblemen gedacht seien. Die Minderheiten müßten bei grenzüberschreitenden Regionalabmachungen aus dem Spiel bleiben. Dies wiederholte er mehrere Male. Es ist zwar richtig, daß der vom Europarat und der EG entworfene grenzüberschreitende Regionalismus nicht für den Minderheitenschutz konzipiert worden ist. Aber in der Praxis kann er Grenzen, an denen geteilte Völker leben, weniger fühlbar machen. Die Wirkung grenzüberschreitenden Regionalismus fördert grenznahe Integration und kann so zur Verbindung von Regionen im Bereiche ihrer naturgegebenen Gemeinsamkeiten führen. Das hilft dem Alltagsleben von Minderheiten und ihren Angehörigen. Fremdes kann so überwunden werden.
Aber wenn die europäischen Regionen nicht wachsen und sich verselbständigen können, sondern das Prinzip »Europa der Vaterländer« herrscht, dann ist nicht einzusehen, warum für den Südtiroler das Vaterland nicht Österreich heißen kann. Dann stehen sich Souveränität der Staaten und Selbstbestimmungsrecht der Völker in Konfrontation und im Widerspruch gegenüber.
Sollten aber solche und ähnliche Projekte am Hader der Nationen und der Schwäche der Politiker scheitern, wäre die Autonomie Südtirols das allein Erreichbare, weil ein Europa der Vaterländer zum nationalistischen Konzept Europas führen muß, dann wäre es kurzsichtig, die Selbstbestimmung für Südtirol als eine antiquierte Formel in den Archiven verschwinden und ruhen zu lassen. Wenn Europa ein föderalistisches Konzept sein soll, dann haben Regionalismus und Autonomie von Volksgruppen Sinn; ist aber

Europa ein zentralistisch-bürokratisches Konzept, dann muß Selbstbestimmungsrecht Neuordnungen schaffen. Ohne das eben entwickelte regionale Konzept, zu dem sich auch ein italienisch-österreichischer Freundschaftsvertrag, der als Punkt 13 des Operationskalenders vorgesehen ist, bereit finden könnte, ist die derzeitige Autonomie Südtirols schwerlich als europäisches Modell zu propagieren. Denn diese Autonomie für sich allein, deren Konzept des Jahres 1946 die Minderheitenschutzidee der Zwischenkriegszeit fortschreibt, aber heute zufolge gesteuerter Bevölkerungsveränderungen zum Volksgruppenausgleich geworden ist, hat ihr eigentliches Ziel, Minderheitenschutz für die deutsche Bevölkerung Südtirols zu sein, wegen der Veränderung der demographischen Lage nicht erreichen können und auch nicht erreicht. Die Politiker auf allen Seiten dieser Region haben viel zuviel Zeit verstreichen lassen, um dem Konzept des Minderheitenschutzes, als die Bevölkerungsstrukturveränderung noch erträglich gewesen sein mochte, zum Durchbruch zu verhelfen. Man hat den Zeitfaktor nicht ins Kalkül gezogen. Daran sollte auch jeder neue europäische Versuch, Volksgruppenschutz zu gewähren, denken. Am Zeitfaktor scheiterten schon bedeutendere Strukturen, als es die tirolische heute ist. 70 Jahre nach St. Germain sind in Tirol, der Tschechoslowakei, Ungarn, Rumänien und Jugoslawien genug, um aus der Erbmasse des seinerzeit Zerschlagenen nicht endlich Neues formen zu können – auch gegen den Willen der Masseverwalter von St. Germain, wie sie sich während der Jugoslawienkrise aber zum Teil auch in Genf entpuppt haben.

Begriffserklärungen

1. Unter *Paket* ist die Summe der Maßnahmen zu verstehen, die Österreich und Italien nach fünfjährigen Beratungen (1964–1969) zu Papier gebracht haben, mit dem Versprechen Italiens, diese zugunsten einer Stärkung der Autonomie für Südtirol auch rechtlich zu verwirklichen.
2. Unter *Operationskalender* ist der im Jahre 1969 im Zusammenhang mit der Beschlußfassung über das Paket (siehe oben) zwischen Österreich und Italien vereinbarte Plan zu verstehen, nach dem die versprochenen Paketmaßnahmen sachlich und zeitlich, entsprechend der niedergelegten Reihenfolge, durchgeführt werden sollen.
3. Unter *IGH-Vertrag* ist jener zwischen Österreich und Italien abgeschlossene Vertrag zu verstehen, durch den sichergestellt werden soll, daß Rechtsstreitigkeiten aus dem Pariser Abkommen 1946 in die Zuständigkeit des Internationalen Gerichtshofes fallen sollen, was völkerrechtlich aus zeitlichen Gründen ohne diesen Vertrag nicht gewährleistet ist. Der IGH-Vertrag übernimmt den Teil des *Europäischen Streitschlichtungsübereinkommens* von 1957, der sich mit der richterlichen Streitschlichtung befaßt. Das genannte Abkommen enthält auch einen schiedsrichterlichen Teil und einen Teil, der sich mit Vermittlungen aufgrund von »fact finding« befaßt. Diese Teile bleiben vom IGH-Vertrag jedoch ausgeklammert.

4. Die *Streitbeendigungserklärung* wurde im Jahre 1969 endgültig vereinbart und besagt, daß mit dem sogenannten »Paketabschluß«, d. i. die Durchführung des Paketes der von Österreich vor die Vereinten Nationen gebrachte Streit, und nur dieser, für beendet angesehen wird, vorbehaltlich der Rechtsstandpunkte.
5. Unter *Regionalautonomie* ist die Summe autonomer Gesetzgebungs- und Verwaltungsbefugnisse zu verstehen, die in der italienischen Verfassung und dem Autonomiestatut für Trient/Südtirol Regionen mit Spezialstatut zuerkannt sind.
6. Unter *primärer Gesetzgebung* versteht man Gesetzgebungskompetenzen italienischer Regionen bzw. Provinzen, bei deren Wahrnehmung die regionale bzw. provinziale Gesetzgebung unabhängig ist und nur den Rahmen der Staatsverfassung zu beachten hat. Unter *sekundärer Gesetzgebung* versteht man Gesetzgebungskompetenzen italienischer Regionen und Provinzen, bei deren Wahrnehmung die provinziale Gesetzgebung den staatsgesetzlich vorgezeichneten Rahmen zu beachten hat.
7. Die *Koordinations- und Ausrichtungsbefugnis* ist ein schriftlich nicht niedergelegtes Aufsichtsmittel der römischen Zentralgewalt, das auf verfassungsrechtlicher Gewohnheit gründet, durch die Rechtsprechung des italienischen Verfassungsgerichtshofes anerkannt ist und erhebliche Eingriffe in autonome, regionale und provinzielle Belange bewirken kann.
8. Der *Pariser Vertrag,* auch *Gruber-Degasperi-Abkommen* genannt, ist die Vereinbarung zwischen Österreich und Italien vom 9.6.1946, die einen Minderheitenschutz für die Südtiroler Bevölkerung einschließlich einer Gesetzgebungs- und Verwaltungsautonomie festlegt. Das Pariser Abkommen ist ein Annex des italienischen Friedensvertrages von 1947.

9. Der *Londoner Vertrag* vom 15. April 1915 war ein Geheimabkommen zwischen Italien, Großbritannien, Frankreich und Rußland, das Italien für den Fall des Kriegseintrittes auf Seiten der Alliierten u. a. auch die Brennergrenze zugesprochen hat.
10. Unter dem *Minderheitenschutzsystem der Zwischenkriegszeit* versteht man Verträge, Vertragsbestimmungen, einseitige Erklärungen, die zwischen den Alliierten und assoziierten Mächten einerseits und den besiegten Mittelmächten sowie neu entstandenen Staaten andererseits vor allem zum Schutz nationaler Minderheiten abgeschlossen bzw. abgegeben wurden. Die Einhaltung dieser Verträge und Erklärungen stand unter der Garantie des Völkerbundes, eines Vorläufers der Vereinten Nationen.
11. Der Ausdruck *»europäischer Regionalismus«* bezeichnet ein politisches Ordnungsprinzip, durch das natürlich gewachsene Gebiete verschiedener benachbarter Staaten zu selbständigen Verwaltungs- und Wirtschaftseinheiten zusammengeführt werden, damit Angelegenheiten, die im überwiegenden Interesse der Bevölkerung der Gebietsgemeinschaften liegen, gemeinsam besorgt werden können. Dabei kommt den Staatsgrenzen keine bestimmende Funktion zu. Regionale Einheiten schieben sich zwischen Staaten und zentrale Europäische Gebilde wie die EG.
12. In der öffentlichen Diskussion hat sich die Bezeichnung *Österreich als Schutzmacht* gegenüber Südtirol eingebürgert. Völkerrechtlich ist diese Bezeichnung falsch. Denn Schutzmacht ist vielmehr die völkerrechtliche Vertretung der Interessen eines Staates durch einen anderen Staat bei Fehlen oder dem Abbruch diplomatischer oder konsularischer Beziehungen und im Kriegsfall. Im Falle Südtirol ist Österreich als eine Garantiemacht anzusehen, die die Interessen des Südtiro-

ler Volkes aufgrund internationaler Verträge, vor allem des Pariser Abkommens, wahrnimmt.

13. *Selbstbestimmung* ist Recht der Völker, vom Völkerrecht der Gegenwart seit 1966 garantiert. Es kommt jedem Volke zu und ist nicht auf den Entkolonialisierungsprozeß beschränkt. Es gibt verschiedene anerkannte Modelle der Selbstbestimmung. Sie reichen von der Bildung eines eigenen Staates bis zur Entscheidung über die Art der Regierung. Die Geltendmachung der Selbstbestimmung kann auch zu Grenzänderungen führen; diese müssen – um Gewalt zu vermeiden – im Verhandlungswege erreicht werden.

Dokumente

Londoner Vertrag, 1915

Londoner Vertrag vom 26. April 1915, erstmals vollständig deutsch veröffentlicht in der Tageszeitung »Neue Freie Presse« v. 22. Februar 1918, Abendblatt, S. 3, und französisch veröffentlicht in: *Strupp,* Documents pour servir à l'histoire du droit des gens, Bd. 32, 1923, S. 33 ff.

Der Vertrag Italiens mit der Entente (Auszug)
Wien, 22. Februar.

»Iswestia« vom 28. Februar 1917 veröffentlichte das Übereinkommen Englands, Frankreichs und Rußlands mit Italien, durch das Italien die Annexion von serbisch-kroatischen Gebieten, Triest *und Südtirol,* Albanien, griechischen Inseln, Teilen von Kleinasien und Afrikas als Gegenleistung für das bewaffnete Auftreten gegen Österreich und Deutschland in Aussicht gestellt wird.
Der italienische Botschafter in London, Marchese Imperiali, hat auf Befehl seiner Regierung die Ehre, dem Minister der auswärtigen Angelegenheiten, Sir E. Grey, dem französischen Botschafter in London, Herrn Combon, und dem russischen Botschafter in London, Grafen Benkendorff, nachfolgende denkwürdige Aufzeichnung zu übermitteln:
§ 1. Zwischen den Generalstäben von Frankreich, Großbritannien, Rußland und Italien soll unverzüglich eine Militärkonvention geschlossen werden. Diese Konvention bestimmt das Mindestmaß der Streitkräfte, welche Rußland gegen Österreich-Ungarn in dem Falle in Bewegung setzen soll, wenn dieses Land alle seine Kräfte gegen Italien richten sollte, sofern Rußland sich entschließen würde, sich hauptsächlich auf Deutschland zu

stürzen. Durch die genannte Militärkonvention sollen in gleicher Weise die einen Waffenstillstand betreffenden Fragen geregelt werden, soweit solche ihrem Wesen nach zu dem Geschäftskreis des Armeeoberkommandos gehören.

§ 2. Seinerseits verpflichtet sich Italien, mit allen ihm zur Verfügung stehenden Mitteln den Feldzug einheitlich mit Frankreich, Großbritannien und Rußland gegen alle mit ihnen kriegführenden Staaten zu führen.

§ 4. Beim kommenden Friedensschluß soll Italien erhalten: Das Gebiet des Trentino, *ganz Südtirol bis zu seiner natürlichen geographischen Grenze, als welche der Brenner anzusehen ist.*

Anmerkung: 1. In Ergänzung des § 4 soll die Grenze durch folgende Punkte gezogen werden: *Vom Gipfel des Umbrail in nördlicher Richtung bis zum Stilfser Joch und weiter auf der Wasserscheide der Rätischen Alpen bis zu den Quellen der Flüsse Etsch und Eisack, danach über die Reschen-Scheidech, den Brenner und die Ötztaler und Zillertaler Alpen. Danach soll die Grenzlinie sich nach Süden wenden, das Gebirge von Toblach schneiden und bis zur jetzigen Grenze von Krain gehen, die sich auf den Alpen hinzieht;* dieser folgend, wird sie bis zu den Bergen von Tarvis gehen, aber dann auf der Wasserscheide der Julischen Alpen über die Höhe Predil, den Berg Mangart, die Berggruppe Triglav und die Pässe von Podbrda, Podlaneskan und Idria verlaufen. Von dort setzt sich die Grenze in südöstlicher Richtung zum Schneeberg fort, so daß das Becken des Flusses Save mit seinen Quellflüssen nicht in das italienische Gebiet fällt. Vom Schneeberg zieht sich die Grenzlinie zur Küste hin, indem sie Castua, Matuglie und Bolosca in die italienischen Besitzungen entschließt.

§ 11. Italien erhält denjenigen Teil der Kriegskontribution, welcher dem Maß seiner Opfer und Anforderungen entspricht.

§ 16. Der vorliegende Vertrag soll geheim gehalten werden. Was den Anschluß Italiens an die Deklaration vom 5. September 1914 betrifft, so wird diese Deklaration der Öffentlichkeit übergeben werden, sobald der Krieg durch Italien oder an Italien erklärt werden wird.

Nach Kenntnisnahme der vorliegenden denkwürdigen Aufzeichnung sind die entsprechend hiezu bevollmächtigten Vertreter Frankreichs, Großbritanniens und Rußlands mit dem gleicherweise von seiner Regierung für diese Angelegenheit bevollmächtigten Vertreter Italiens dahin übereingekommen: Frankreich, Großbritannien und Rußland erklären ihr volles Einverständnis mit der vorliegenden denkwürdigen Aufzeichnung, die ihnen durch die italienische Regierung vorgelegt ist. In bezug auf die §§ 1, 2 und 3, betreffend das Einvernehmen über die Heeres- und Flottenunternehmungen aller vier Mächte, erklärt Italien, daß es aktiv in möglichst naher Zukunft und in jedem Falle nicht später als einen Monat nach Unterzeichnung des vorliegenden Dokuments durch die vertragschließenden Teile auftreten werde.

Das Vorliegende haben in London in vier Exemplaren am 26. April 1915 unterzeichnet und mit ihren Siegeln beglaubigt.

Sir Edward Grey, Cambon, Marchese Imperiali, Graf Benkendorff.

Dazu:

E. Wutte, Italiens Landforderungen an Österreich, in Vergangenheit und Gegenwart V (1915, 5. Heft)

Carandinis Europavision

The Alto Adige
An experiment in the devaluation of frontiers
(Auszug)

In January 1946, at the time of Vienna's first moves referred to above, I sent Mr. Bevin, the British Foreign Secretary, a long memorandum in which I attacked the Austrian territorial claims with a frankness which surprises even me when I now re-read those pages. It was the firm and confidential tone that one could use with that frank and generous man. In subsequent talks with him, the first idea of attenuating the value of the Alto Adige frontiers as a dividing line began to take shape, ensuring at the same time the claims of the German-speaking minorities and Italy's territorial integrity. It was Mr. Bevin who first toyed with the idea of a »devaluation« of that frontier by means of a future Italo-Austrian Customs Union. At the basis of this far-sighted vision was the desire not to offend Italy again, the feeling that some reparation was indeed due to the German-speaking mino-

rities, the intention of guiding Austria towards a close collaboration with Italy in order to offset Soviet attraction and a possible revival of the pan-German tendencies of a disappointed Austria.
At home, Mr. Bevin had to face a public opinion that was strongly influenced bypro-Austrian propaganda ably conducted by M. Frankenstein, the former Austrian Ambassador in London, who had acquired British nationality at the beginning of the war.
In Parliament, Mr. Bevin had to stand up before widespread opposition of groups that remembered the reluctance with which, in 1919, Great Britain had agreed to the assignment of the Alto Adige to Italy disregarding the Wilson principle of self-determination. Vienna was carrying on a similar propaganda in France and in the United States, so that a general attitude in favour of minor rectifications had been created in Paris and Washington.
On February 12, the American Assistant Secretary of State, Mr. Dunn, then deputy to Mr. Byrnes at the Foreign Ministers' Conference, confirmed to me that the United States were still in-favour of some frontier rectifications. This problem, however, was so far removed from Washington that I felt that we could count upon the effect of British influence in swinging America with it.
In simultaneous talks with the French Ambassador to London, M. Massigli, with Minister Bidault and with M. Couve de Murville, I received the uniform reply that France was in favour of restricted territorial rectifications.
It was only on March, 27, that M. Couve de Murville hinted that the French Government might advocate a substantial *status quo* in the Alto Adige, suggesting that Italy should negotiate directly with Austria for some voluntary minor rectifications. At the root of this French insistence on some kind of territorial concession to Austria lay the fear, felt by France more than any other country, of a return of pan-Germanism.
On the other hand, in a long talk, on February 2, with M. Vyshinsky at the Russian Embassy, I received definite confirmation that Russia was flatly opposed to any Italian sacrifice in that sector. »Italy owes nothing to Austria«, he told me.
These were the opinions of the »Big Four«. In such a fluid and contradictory state of affairs, it appeared to me probable that the different motives at the root of Soviet policy and that of the three Western Powers towards Italy might converge in the direc-

tion of the personal views of Mr. Bevin, who was in favour of a direct Italo-Austrian understanding and of a compromise in the politico-economic rather that in the territorial sphere. In fact, on February 21, Mr. Bevin brought matters to a head by declaring in the House of Commons that »other countries' nationalisms in relation to Italy were going rather too far«, adding that it should not be impossible to solve the ethnical problem by ensuring that the great economic potential which the Italians had created in the Alto Adige should serve Austria and Italy at one and the same time. This was the first instance in which Mr. Bevin hinted in public at the possibility of an Italo-Austrian Customs Union.

Das Pariser Abkommen, 1946 (Übersetzung)

1. Den deutschsprachigen Einwohnern der Provinz Bozen und der benachbarten zweisprachigen Ortschaften der Provinz Trient wird volle Gleichberechtigung mit den italienisch-sprachigen Einwohnern im Rahmen besonderer Maßnahmen zum Schutze des Volkscharakters und der kulturellen und wirtschaftlichen Entwicklung des deutsch-sprachigen Bevölkerungsteiles zugesichert werden.
In Übereinstimmung mit schon getroffenen oder in Vorbereitung befindlichen gesetzgeberischen Maßnahmen wird den Staatsbürgern deutscher Sprache insbesondere folgendes gewährt werden:

a) Volks- und Mittelschulunterricht in der Muttersprache;

b) Gleichstellung der deutschen und italienischen Sprache in den öffentlichen Ämtern und amtlichen Urkunden sowie bei den zweisprachigen Ortsbezeichnungen;

c) das Recht, die in den letzten Jahren italianisierten Familiennamen wieder herzustellen;

d) Gleichberechtigung hinsichtlich der Einstellung in öffentliche Ämter, um ein angemesseneres Verhältnis der Stellenverteilung zwischen den beiden Volksgruppen zu erzielen.

2. Der Bevölkerung der obenerwähnten Gebiete wird die Ausübung der autonomen regionalen Gesetzgebungs- und Vollzugs-

gewalt gewährt werden. Der Rahmen für die Anwendung dieser Autonomiemaßnahmen wird in Beratung auch mit einheimischen deutschsprachigen Repräsentanten festgelegt werden.

3. In der Absicht, gutnachbarliche Beziehungen zwischen Österreich und Italien herzustellen, verpflichtet sich die italienische Regierung, in Beratung mit der österreichischen Regierung binnen einem Jahr nach Unterzeichnung dieses Vertrages:

a) in einem Geist der Billigkeit und Weitherzigkeit die Frage der Staatsbürgerschaftsoptionen, die sich aus dem Hitler-Mussolini-Abkommen von 1939 ergeben, zu revidieren;

b) zu einem Abkommen zur wechselseitigen Anerkennung der Gültigkeit gewisser akademischer Grade und Universitätsdiplome zu gelangen;

c) ein Abkommen für den freien Personen- und Güter-Durchgangsverkehr zwischen Nord- und Osttirol auf dem Schienenwege und in möglichst weitgehendem Umfange auch auf dem Straßenwege auszuarbeiten;

d) besondere Vereinbarungen zur Erleichterung eines erweiterten Grenzverkehrs und eines örtlichen Austausches gewisser Mengen charakteristischer Erzeugnisse und Güter zwischen Österreich und Italien zu schließen.

Dr. Karl Gruber
Dr. Alcide de Gasperi
5. September 1946

Resolution der Generalversammlung der UNO, 1960

Resolution 1497 (XV)
Der XV. Generalversammlung der Vereinten Nationen vom 31. Oktober 1960

Die Generalversammlung,
nach Behandlung des Punktes 68 der Tagesordnung,

in der Erwägung, daß der Status des deutschsprachigen Bevölkerungsteiles der Provinz Bolzano (Bozen) durch ein von Österreich und Italien am 5. September 1946 in Paris unterzeichnetes internationales Abkommen geregelt wurde,

in der Erwägung, daß das erwähnte Abkommen ein System schafft, welches den deutschsprachigen Einwohnern der genannten Provinz »vollständige Rechtsgleichheit mit den italienischsprachigen Einwohnern im Rahmen besonderer Maßnahmen zum Schutze des Volkscharakters und der kulturellen und wirtschaftlichen Entwicklung des deutschsprachigen Bevölkerungsteiles« garantieren soll,

unter Berücksichtigung der Tatsache, daß ein Streit zwischen Österreich und Italien über die Durchführung des Pariser Abkommens vom 5. September 1946 entstanden ist,

vom Wunsche geleitet, zu verhindern, daß die durch diesen Streit entstandene Situation die freundschaftlichen Beziehungen zwischen den beiden Staaten beeinträchtigt,

1. empfiehlt den beiden Parteien dringend, die Verhandlungen mit dem Ziele wieder aufzunehmen, eine Lösung aller Differenzen hinsichtlich der Durchführung des obgenannten Abkommens zu finden;

2. empfiehlt, daß beide Parteien, falls die im vorhergehenden Absatz erwähnten Verhandlungen nicht innerhalb eines angemessenen Zeitraumes zu befriedigenden Ergebnissen führen, die Möglichkeit wohlwollend in Betracht ziehen, eine Lösung ihrer Differenzen durch eines der in der Charta der Vereinten Nationen vorgesehenen Mittel, einschließlich der Befassung des Internationalen Gerichtshofes, oder durch irgendein anderes friedliches Mittel ihrer eigenen Wahl zu suchen;

3. empfiehlt ferner, daß die betreffenden Staaten sich jeder Handlung enthalten, die ihre freundschaftlichen Beziehungen beeinträchtigen könnten.

Das Paket, 1969

Vorliegende Dokumentation enthält die Vorschläge, welche inden gemäß den Resolutionen der Generalversammlung der

Vereinten Nationen 1497 (XV) und 1661 (XVI) erfolgten Verhandlungen und Kontakten von österreichischer und italienischer Seite ausgearbeitet und von der Landesversammlung der Südtiroler Volkspartei am 22./23. November 1969 gebilligt wurden.

Diese Vorschläge bestehen aus dem Paket und dem Operationskalender. Das Paket ist die Gesamtheit der Maßnahmen zugunsten Südtirols; der Operationskalender ist das Verfahren, welches die Durchführung des Paketes sicherstellen und damit die Beendigung des bestehenden Streites bewirken soll.

Das Paket besteht aus den gleichwertigen Bestandteilen »Maßnahmen« und »Präzisierungen«. Die Erläuterungen, die der Landesversammlung der Südtiroler Volkspartei vorlagen, sind nach offizieller Mitteilung der italienischen Regierung im maßgeblichen italienischen Text des Paketes inbegriffen und verändern demnach dessen Inhalt und Tragweite nicht.

Die Vorschläge gehen davon aus, daß die Rechtsauffassungen Österreichs und Italiens über die Durchführung des Pariser Abkommens vom 5. September 1946 beiderseitig aufrecht bleiben.

Unabhängig vom Rechtsgrund der Durchführung des Paketes wurde zwischen Österreich und Italien jedoch Einvernehmen hergestellt, daß die Beendigung des bestehenden Streites und die völkerrechtliche Wirksamkeit des Vertrages betreffend Art. 27 lit. a. des Europäischen Übereinkommens zur friedlichen Beilegung von Streitigkeiten die ordnungsgemäße Verwirklichung der im Paket vorgesehenen Maßnahmen für Südtirol voraussetzen.

Maßnahmen für die Bevölkerung Südtirols
(Paket)

I. Maßnahmen, die durch Abänderungen des bestehenden Sonderstatus für Trentino-Südtirol zu treffen sind

(1) 1. Abänderung des Art. 4, Abs. 1, indem nach den Worten »nationale Interessen« eingefügt wird: »in welchen jenes des Schutzes der örtlichen Sprachminderheiten inbegriffen ist«;

Abänderung und Ergänzung der Art. 4, 5 und 11, um den Provinzen von Trient und Bozen die primäre Gesetzgebung auf folgenden Sachgebieten zu übertragen:

(2) a) Bergwerke, einschließlich der Mineral- und Thermalgewässer, Steinbrüche und Torfstiche;

(3) b) Jagd und Fischerei;

(4) c) Almwirtschaft sowie Pflanzen- und Tierschutzparks;

(5) d) Straßenwesen, Wasserleitungen und öffentliche Arbeiten von provinzialem Interesse;

(6) e) Verkehrs- und Transportwesen von provinzialem Interesse, einschließlich der Zuständigkeit für die technischen Vorschriften und den Betrieb der Drahtseilbahnen, obligatorisches Gutachten der Provinz im Falle von Konzessionen, die im Zuständigkeitsbereich anderer Behörden liegen und Dienste betreffen, welche das Gebiet der Provinz durchqueren;

(7) f) unmittelbare Übernahme von öffentlichen Diensten;

(8) g) Fremdenverkehr und Gastgewerbe (einschließlich Bergführer, der Bergträger und der Skischulen);

(9) h) Landwirtschaft, Forstwesen und Forstpersonal, Vieh- und Fischzucht, Pflanzenschutzstellen, landwirtschaftliche Konsortien und landwirtschaftliche Versuchsanstalten, Hagelabwehr, Meliorierung;

(10) i) Verhütungs- und Soforthilfemaßnahmen in Katastrophenfällen;

(11) l) Örtliche, künstlerische, kulturelle und erzieherische Veranstaltungen, auch unter Verwendung von Rundfunk und Fernsehen, unter

Ausschluß der Möglichkeit der Errichtung von Rundfunk- und Fernsehstationen;
Die italienische Regierung wird ein Einvernehmen zwischen der RAI-TV und den Fernsehen des deutschen Sprachraumes (Schweiz, Österreich, Deutschland usw.) für die Benützung der Programme begünstigen. Die gegenwärtige Ausstrahlung von Programmen in deutscher Sprache wird soweit als möglich entwickelt werden. (Politische Richtlinie für die Regierung.)

(12) m) Wohnbau, der vollständig oder teilweise mit Geldmitteln öffentlichen Charakters unterstützt wird, einschließlich der Begünstigungen für den Volkswohnbau in Katastrophengebieten und der Tätigkeit, die von extrapovinzialen Körperschaften – wie der GESCAL – mit öffentlichen Finanzierungen in der Provinz durchgeführt wird;

(13) n) Enteignung im öffentlichen Interesse auf allen Gebieten provinzialer Zuständigkeit;

(14) o) Errichtung und Tätigkeit von Gemeinde- und Provinzialkommissionen für die Unterstützung und Beratung der Arbeiter bei der Stellenvermittlung;

(15) p) Schutz und Erhaltung des geschichtlichen, künstlerischen und volkstümlichen Gutes; mit Durchführungsbestimmungen, die innerhalb eines Jahres nach der Abänderung des Statuts ergehen müssen, werden in den Provinzen gelegene Gegenstände des geschichtlichen und künstlerischen Gutes bezeichnet, die von nationalem Interesse und daher aus dem Zuständigkeitsbereich der Provinz ausgeschlossen sind. Bei Nichterlaß dieser Durchführungsbestimmungen ist die Provinz berechtigt, die Verwaltungsfunktionen mit Provinzialgesetz zu übernehmen;

(16) q) Wasserbauten der III., IV. und V. Kategorie; obligatorisches Gutachten der Provinz bei den Wasserbauten der I. und II. Kategorie; zwischen Staat und Provinz ist jährlich einvernehmlich ein Koordinierungsplan über die Wasserbauten betreffenden Kompetenzen festzulegen;

(17) r) Öffentliche Fürsorge und Wohltätigkeit;

(18) 2. Abänderung des Wortlauts von Art. 5, Nr. 1, von »Gemeinde- und Provinzordnung« in »Gemeindeordnung«;

3. Abänderung des Wortlauts von Art. 5, Nr. 2, in »Ordnung der öffentlichen Fürsorge- und Wohltätigkeiteinrichtungen«;

4. dem Art. 4 wird die Zuständigkeit für »Ordnung der sanitären und Spitalkörperschaften« angefügt;

Abänderung und Ergänzung der Art. 5 und 12, um den Provinzen die sekundäre Gesetzgebung auf folgenden Sachgebieten einzuräumen:

(19) a) Handel;

(20) b) Lehrlingswesen, Arbeitsbücher, Kategorien und Qualifikationen;

(21) c) Berufsunterricht;

(22) d) öffentliche Darbietungen, soweit sie die öffentliche Sicherheit berühren;

(23) e) Förderung der Industrieproduktion.

Von den jährlich für die Durchführung von Gesetzen, welche Subventionen für die Förderung industrieller Tätigkeit vorsehen, zu Lasten des Staatshaushaltes ausgeworfenen Geldern wird das Industrieministerium der Provinz Bozen die für sie bestimmten Quoten zur Verfügung stellen. Diese Quoten werden nach Anhörung der Provinz unter Berücksichtigung der budgetären Möglichkeiten und des Bedarfs der Bevölkerung festgelegt. Die Verwendung der erwähnten Gelder erfolgt im Einvernehmen zwischen Staat und Provinz;

(24) f) Nutzung der öffentlichen Gewässer, ausgenommen die großen Wasserableitungen zu Zwecken der Elektroenergie. Die Nutzung der öffentlichen Gewässer erfolgt von seiten des Staates und der Provinz im Rahmen der jeweiligen Kompetenzen auf der Basis eines Generalplanes, der durch ein gemischtes Komitee, zusammengesetzt aus Vertretern des Staates und der Provinz, einvernehmlich festgelegt wird.

(25) g) Schaffung und Tätigkeit von Gemeinde- und Provinzialkommissionen über die Arbeitsvermittlung;

(26) h) Hygiene und Gesundheitswesen einschließlich Gesundheitsfürsorge und Spitalspflege;

Abänderung und Ergänzung des Art. 8 des Statuts, um den Provinzen folgende Befugnisse zu übertragen:

(27) a) Die Befugnis, nach Anhörung des Schatzministeriums die Ernennung der Präsidenten und Vizepräsidenten der Sparkasse vorzunehmen;

(28) b) die Befugnis, die Eröffnung und Verlegung von Bankschaltern der Kreditinstitute lokalen, provinzialen und regionalen Charakters nach Einholung des Gutachtens des Schatzministeriums zu genehmigen. Die Ermächtigung zur Eröffnung und zur Verlegung von Bankschaltern anderer Institute in der Provinz Bozen durch das Schatzministerium bedarf der vorherigen Anhörung der Provinz.

(29) 5. Hinsichtlich der Konzessionen großer Wasserableitungen zu Zwecken der Elektroenergie werden sich die Bestimmungen des Art. 9 des Statuts, so-

weit anwendbar, statt auf die Region auf die Provinzen beziehen.
Das Industrieministerium wird Entscheidungen hinsichtlich der Aktivitäten der ENEL in den Provinzen nach Anhörung der Provinzverwaltungen treffen.

(30) 6. Abänderung des Art. 10 des Statuts, um den Provinzen die Leistungen und Lieferungen von elektrischer Energie zu übertragen, inbegriffen, soweit anwendbar, die Bestimmung des drittletzten Absatzes, auf Grund dessen die Region bei Gleichheit der Bedingungen bei Konzessionen großer Wasserableitungen im Rahmen des Systemes der ENEL bevorzugt ist;

(31) a) Kindergärten;

(32) b) Schulfürsorge für jene Sektoren des Unterrichtswesens, für die die Provinz die Gesetzgebungskompetenz hat, wobei das Provinzgesetz Nr. 1 vom 5. Jänner 1958 in Geltung bleibt;

(33) c) Schulhausbau; in jenen Fällen, in denen sich der Staat mit staatlichen Fonds in Ausführung außerordentlicher nationaler Programme einschaltet, wird die Verwendung der Fonds im Einvernehmen mit der Provinz vorgenommen;

(34) d) Berufsertüchtigung;

Abänderung und Ergänzung des Art. 15, um die Organisation der Schulämter und Schuldienststellen wie folgt festzulegen:

(35) a) Der Superintendent wird nach Anhörung des Landesausschusses Bozen vom Unterrichtsministerium für die Verwaltung der italienischsprachigen Schule ernannt und mit der Überwachung der deutschsprachigen Schule sowie der unter Maßnahme 69 erwähnten Schule in den ladinischen Gemeinden betraut.

(36) b) Vom Landesausschuß wird auf Grund eines Dreiervorschlages der Vertreter der deutschen Sprachgruppe im Landesschulrat nach Anhörung des Unterrichtsministeriums ein Schulintendent für die Verwaltung der Kindergärten, Elementar- und Sekundarschulen (mittlere, klassische, naturwissenschaftliche, lehrerbildende und künstlerische) ernannt;

(37) c) Vom Unterrichtsministerium wird auf Grund eines Dreiervorschlages der Vertreter der ladinischen Sprachgruppe im Landesschulrat ein Schulintendent für die Verwaltung der Kindergärten, Elementar- und Sekundarschulen (mittlere, klassische, naturwissenschaftliche, lehrerbildende, technische, berufsbildende und künstlerische) in den ladinischen Gemeinden ernannt.

(38) d) Die Präsidenten und die Kommissionen für die Staatsprüfungen werden für die deutschsprachigen Schulen vom Unterrichtsministerium im Einvernehmen mit der Provinz ernannt.

(39) e) Obligatorisches Gutachten des Obersten Schulrates beim Unterrichtsministerium für die Erstellung der Lehr- und Prüfungspläne der Schulen in der Provinz Bozen zum Zweck der Gleichwertigkeit der Abgangszeugnisse;

(40) f) Übergang des Verwaltungspersonals des Schulamtes für die deutschsprachigen Schulen, des Verwaltungspersonals der Sekretariate der mittleren und Sekundarschulen sowie des Verwaltungspersonals der Schulinspektorate und der didaktischen Direktionen deutscher Sprache in die Abhängigkeit der Provinz Bozen;

(41) g) Unter Aufrechterhaltung der organischen Abhängigkeit des gesamten Lehrpersonals vom

Staat werden dem Intendenten für die deutschsprachige Schule und dem Intendenten für die ladinische Schule die Maßnahmen betreffend Versetzung, Urlaub, Karenzurlaub und Disziplinarstrafen bis zu einmonatiger Enthebung von Rang und Gehalt – beschränkt auf das Lehrpersonal der jeweiligen Kindergärten, Elementar- und Sekundarschulen (mittlere, klassische, naturwissenschaftliche, lehrerbildende, technische, berufsbildende und künstlerische) – übertragen.

Gegen die erwähnten Maßnahmen des Schulintendenten ist Berufung an den Unterrichtsminister zulässig, welcher nach Anhörung des Schulsuperintendenten endgültig entscheidet.

(42) h) Abänderung von Art. 15 vierter Absatz des Statuts wie folgt:
Die italienische, die deutsche und die ladinische Sprachgruppe sind in den Landesschul- und Lehrerdisziplinarräten von Bozen vertreten. Die Vertreter der Lehrer im Landesschulrat werden durch Wahlen vom Personal der Schulen und proportional zur Anzahl der Lehrer der verschiedenen Sprachgruppen bestellt. Der Landesschulrat muß, über seine normalen satzungsmäßigen Aufgaben hinaus, in folgenden Angelegenheiten zwingend angehört werden:
- Errichtung und Auflassung von Schulen;
- Lehr- und Stundenpläne;
- Lehrgegenstände und deren Gruppierung;

(43) i) Unterricht der zweiten Sprache in den Schulen jeder Art und jeden Grades durch Lehrer, für welche diese Sprache die Muttersprache ist;

(44) l) Unterricht der zweiten Sprache ab der dritten Klasse der Volksschule;

(45) m) Vorschrift eines einfachen Gesuches des Vaters oder dessen gesetzlichen Vertreters für die Einschreibung in die Schulen der verschiedenen Sprachgruppen. Gegen die Verweigerung der Einschreibung ist ein Rekurs seitens des Vaters oder dessen gesetzlichen Vertreters an den Verwaltungsgerichtshof möglich;

(46) n) Die Erlassung der Durchführungsbestimmungen auf dem Schulsektor muß innerhalb eines Jahres nach Änderung des Statuts erfolgen; bei Nichterlassung derselben ist die Provinz zur Übernahme der Verwaltungsfunktionen durch Provinzgesetz berechtigt;

(47) o) Der eventuellen Schaffung einer Universität in Trentino-Südtirol muß die Konsultierung der Region und der interessierten Provinz vorausgehen;

(48) 7. Dem Art. 16 Abs. 2 und dem Art. 17 des Statuts wird folgender Passus angefügt: »oder der lokalen Stadt- und Landpolizei.«

(49) 8. Abänderung des Art. 19, Abs. 2, um die Zahl der Mitglieder des Regionalrates, die proportional auf die Provinzen aufzuteilen ist, auf 70 zu erhöhen.

(50) 9. Abänderung des letzten Absatzes des Art. 19, um das Erfordernis der ununterbrochenen vierjährigen Ansässigkeit für die Teilnahme an den Regionalrats- und Kommunalwahlen festzulegen.

(51) 10. Ergänzung des Art. 27 zwecks Feststellung, daß die Auflösung des Regionalrates nicht auch die Auflösung der Provinzialräte nach sich zieht, sondern nur deren Erneuerung durch die Wiederwahl des ersteren;

(52) 11. Abänderung des Art. 48 Punkt 5 des Statuts wie folgt:
Die Rechtsaufsicht und der Schutz der Gemein-

deverwaltungen, der öffentlichen Fürsorge- und Wohlfahrtseinrichtungen, der Gemeindeverbände und der anderen örtlichen Körperschaften und Anstalten,
inbegriffen die Befugnis der Suspendierung und Auflösung ihrer Organe auf Grund der gesetzlichen Vorschriften. In den obgenannten Fällen, ferner wenn die Verwaltungen aus irgendeinem Grund nicht zu funktionieren in der Lage sind, ist der Landesausschuß auch zuständig für die Ernennung der Kommissäre unter der Verpflichtung, diese aus jener Sprachgruppe zu nehmen, die die Mehrheit der Verwalter im repräsentativsten Organ der betreffenden Körperschaften hat. Außerordentliche Maßnahmen gemäß vorhergehendem Absatz werden dem Staate vorbehalten, falls diese aus Gründen der öffentlichen Ordnung erforderlich sind und falls sie Gemeinden mit über 20000 Einwohnern betreffen;

(53) 12. Abänderung des Art. 46, um die Teilnahme des Präsidenten des Landesausschusses an den Sitzungen des Ministerrates zu ermöglichen, sofern Angelegenheiten, die die Provinz betreffen, behandelt werden;

(54) 13. Abänderung der Art. 57 und 58, um die Nachfolge der Provinz in die öffentlichen Güter und Rechte mit Liegenschaftscharakter von Staat und Region entsprechend den der Provinz zuerkannten neuen Zuständigkeiten vorzusehen, ausgeschlossen sind die Militärdomäne und die Güter, die sich auf Dienstleistungen nationalen Charakters beziehen, sowie jenes öffentliche Gut, welches Sachgebiete im Zuständigkeitsbereich der Region betrifft, was mit Durchführungsbestimmungen innerhalb eines Jahres festzulegen ist;

(55) 14. Abänderung der Art. 59, 60, 61 und 70, um das System der indirekten Finanzierung der Provinz durch die Region aufzuheben und der Provinz die

den neuen Provinzkompetenzen angepaßten Steuereinnahmen zu übertragen;

(56) 15. Abänderung des Art. 65, um den Provinzen die Befugnis zur Erhebung von Zusatzsteuern zu den von der Region festgelegten Steuern innerhalb der vom Regionalgesetz vorgesehenen Grenzen einzuräumen;

(57) 16. Abänderung des Art. 69, um den Provinzen die sekundäre Gesetzgebung für die Ermächtigungen auf dem Gebiet der Lokalfinanzen einzuräumen;

(58) 17. Abänderung des Art. 70, um die Ergänzung der Gemeindehaushalte für die Ausgaben im Zusammenhang mit den Erfordernissen der Zweisprachigkeit vorzusehen;

(59) 18. Hinsichtlich der Verabschiedung des Regionalhaushaltes wird, außer der Anwendung des unter Maßnahme 85 erwähnten Verfahrens, weiterhin das in Art. 73 des Statuts vorgesehene System angewendet werden, wobei an die Stelle des Innenministeriums ein Organ auf regionaler Ebene tritt;

(60) 19. Abänderung des Wortlautes des Titels VII des Statuts »Die Vertretung der Regierung in der Region« in »Beziehungen zwischen Staat, Region und Provinz«;

(61) 20. Ergänzung des Art. 76, um die Ernennung zweier Regierungskommissäre vorzusehen, einer mit Sitz in Trient für die Aufgaben betreffend die Region und die Provinz Trient, der andere mit Sitz in Bozen, für die die letztere Provinz betreffenden Aufgaben;

(62) 21. Abänderung von Art. 83, um den Provinzen das Recht zur Anfechtung von Staatsgesetzen und zur Anhängigmachung von Zuständigkeitsstreiten hinsichtlich Verwaltungsmaßnahmen des Staates vor dem Verfassungsgerichtshof einzuräumen;

(63) 22. Abänderung des Art. 84, um den Grundsatz der Gleichstellung der deutschen mit der italienischen Sprache, welche die offizielle Staatssprache ist, in der Region zum Ausdruck zu bringen. In Urkunden gesetzgeberischen Charakters und in den anderen vom Statut vorgesehenen Fällen ist auch weiterhin die italienische Sprache maßgebend;

Abänderung des Art. 85, um:

(64) a) die Gerichtsbehörden und jene Dienste von öffentlichem Interesse, die eventuell von öffentlichen Körperschaften in Konzession gegeben werden, in die Ämter der öffentlichen Verwaltung einzubeziehen, die verpflichtet sind, mit den Staatsbürgern deutscher Sprache in deren Sprache zu verkehren;

(65) b) für die öffentlichen Ämter die Verpflichtung festzulegen, in jener Sprache zu antworten, in der ihnen die Akten von einem anderen öffentlichen Amt übermittelt wurden;

(66) c) im ersten Absatz »können gebrauchen« durch »haben das Recht zu gebrauchen« zu ersetzen;

(67) d) im zweiten Absatz »darf die deutsche Sprache gebraucht werden« durch »kann die eine oder andere Sprache gebraucht werden« zu ersetzen;

(68) e) nach dem Absatz folgenden vierten Absatz anzufügen: »Der getrennte Gebrauch der deutschen und italienischen Sprache ist gewährleistet: ausgenommen sind die Fälle, die ausdrücklich vorgesehen sind, ferner die mit Durchführungsbestimmungen zu regelnden Fälle des gemeinsamen Gebrauches der beiden Sprachen in den Urkunden, die an die Gesamtbevölkerung gerichtet und in persönlichen Urkunden, die für den öffentlichen Gebrauch bestimmt sind, sowie in Urkunden,

welche an eine Mehrzahl von Ämtern gerichtet sind. Aufrecht bleibt der alleinige Gebrauch der italienischen Sprache innerhalb der Gliederungen militärischer Art.«

(69) 23. Abänderung des ersten Absatzes von Art. 87, um den Ladinischunterricht in den Volksschulen und den Gebrauch dieser Sprache als Unterrichtsmittel in den örtlichen Schulen jeder Art und jeden Grades vorzusehen, in denen der Unterricht »auf der Grundlage der Parität der Stunden und des Enderfolges« in italienischer und deutscher Sprache zu erteilen ist.;

Ergänzung des Art. 95 zur Festlegung:

(70) a) der Zusammensetzung der paritätischen Kommission für die Durchführungsbestimmungen des Statuts aus zwölf Mitgliedern, wovon sechs vom Staat, zwei vom Regionalrat, zwei vom Landtag der Provinz Bozen und zwei vom Landtag der Provinz Trient ernannt werden (drei Mitglieder müssen der deutschsprachigen Gruppe angehören);

(71) b) Schaffung – im Rahmen der genannten Kommission – einer Sonderkommission für die Durchführungsbestimmungen für die Sprachgebiete der Zuständigkeit der Provinz Bozen, bestehend aus sechs Mitgliedern; drei als Vertretung des Staates und drei der Provinz (davon einer aus der italienischen Sprachgruppe);

(72) 24. Abänderung des Art. 96 des Statuts dahingehend, daß die deutschsprachige Bezeichnung der Region statt »Trentino-Tiroler-Etschland« »Trentino-Südtirol« lautet.

II. Maßnahmen, die durch Einführung neuer Bestimmungen in das bestehende Sonderstatut für Trentino-Südtirol zu treffen sind

(73) 1. Zuerkennung der sekundären Gesetzgebungsbefugnis auf dem Gebiet der öffentlichen Betriebe an die Provinzen, mit der Maßgabe, daß aufrecht bleiben: die subjektiven Voraussetzungen, die durch Staatsgesetz für die Erhaltung von Lizenzen vorgesehen sind; die Überwachungsbefugnisse des Staates zum Zwecke der öffentlichen Sicherheit; das Recht des Innenministers, im Sinne der Staatsgesetzgebung von Amts wegen Maßnahmen auch dann zu annullieren, wenn diese endgültig sind. Das System der ordentlichen Rekurse gegen die diese Materie betreffenden Maßnahmen wird geregelt werden, wobei diese Regelung im Rahmen der Provinzialautonomie verbleibt.

(74) 2. Übertragung einer ergänzenden Gesetzgebungsbefugnis auf dem Gebiet der Arbeitsvermittlung an die Provinzen. Die Gemeindearbeitsvermittler werden nach Anhörung des Präsidenten des Landesausschusses und der Bürgermeister der betreffenden Gemeinden von den staatlichen Organen ernannt.

Die Provinzen haben die Befugnis, sich der peripheren Ämter des Arbeitsministeriums zur Ausübung der mit der Gesetzgebungsbefugnis auf dem Gebiet der Arbeit zusammenhängenden Verwaltungsbefugnisse zu bedienen, bis eigene Ämter geschaffen sind.

(75) 3. Schaffung des Amtes eines Vizepräsidenten des Regionalausschusses und Ernennung von zwei Vizepräsidenten (einer aus der Sprachgruppe der Minderheit), wobei dem Präsidenten des Ausschusses die Wahl des Vizepräsidenten überlassen bleibt, der den Präsidenten im Verhinderungsfall vertritt; Festlegung einer analogen Lösung für die Provinz Bozen;

(76) 4. Überweisung der Erträge aus Konzessionen für öffentliche Gewässer, die im Gebiet der Provinzen bestehen und fließen, an die Provinzen;

(77) 5. der Übergang von Personal und Ämtern der Region an die Provinzen mit Dekret des Präsidenten des Regionalausschusses nach Anhören des interessierten Landesausschusses;

(78) 6. Anwendung der strafrechtlichen Bestimmungen des Staates seitens der Provinz zum Schutze der Provinzgesetze;

(79) 7. Anerkennung des Rechtes der Provinzen auf eigenes Banner und Wappen;

(80) 8. allfällige Übertragung von weiteren Diensten, auch auf nicht im Zuständigkeitsbereich der Provinzen liegenden Sachgebieten, in die Gesetzgebungsbefugnis der Provinzen, vorausgesetzt, daß sie mit spezifischen staatsgesetzlichen Bestimmungen zugeteilt werden.

(81) 9. Obligatorische Übertragung der Verwaltungsbefugnisse auf dem Gebiet des Feuerwehrwesens von der Region auf die Provinzen;

(82) 10. Grundsatz des Vorrechtes bei der Arbeitsvermittlung zugunsten der in der Provinz Bozen Ansässigen, wobei jeder Unterschied, der sich auf die Zugehörigkeit zu einer Sprachgruppe oder auf die Dauer der Ansässigkeit gründen würde, ausgeschlossen ist;

(83) 11. a) Zuerkennung der Befugnis an die Mehrheit der Räte einer ethnischen Gruppe im Regionalrat oder im Landtag von Bozen, die Abstimmung nach Sprachgruppen zu verlangen, wenn ein Gesetzentwurf als die Gleichheit der Rechte zwischen Staatsbürgern der verschiedenen Gruppen und die ethnische und kulturelle Eigenart derselben verletzend angesehen wird;

(84) b) Anfechtung von Regional- und Provinzialgesetzen seitens der Räte der einzelnen Sprachgruppen vor dem Verfassungsgerichtshof, wenn der Antrag auf getrennte Abstimmung nicht angenommen wird oder wenn der Gesetzentwurf trotz Gegenstimmen von zwei Drittel der Mitglieder der unterlegenen Sprachgruppe angenommen wurde;

(85) 12. Die Abstimmung über die einzelnen Kapitel des Provinzhaushaltes der Provinz Bozen erfolgt auf Verlangen der Mehrheit einer Sprachgruppe nach Sprachgruppen.

Die Kapitel der Bilanz, die nicht die Mehrheit jeder Sprachgruppe erhalten haben, werden innerhalb von drei Tagen einer Kommission von vier Landtagsabgeordneten vorgelegt, die vom Landtag zu Beginn der Legislaturperiode für die gesamte Dauer dieser Legislaturperiode gewählt wird, mit paritätischer Zusammensetzung zwischen den beiden größten Sprachgruppen und gemäß der Designierung jeder Gruppe.

Wenn sich in der Kommission keine Mehrheit über einen abschließenden Vorschlag bildet, überweist der Präsident des Landtages innerhalb von sieben Tagen die strittigen Kapitel, zusammen mit dem Text der Bilanz und allen Akten und Protokollen, betreffend die Diskussion im Landtag oder in der paritätischen Kommission, an den Verwaltungsgerichtshof, der innerhalb von 30 Tagen mit Schiedsspruch über die Formulierung und den Inhalt der gegenständlichen Kapitel zu entscheiden hat.

Die Beschlüsse der paritätischen Kommission und jene des Verwaltungsgerichtshofes können nicht Gegenstand der Anfechtung vor dem Staatsrat oder vor dem Verfassungsgerichtshof seitens der Landtagsabgeordneten der einzelnen Sprachgruppen sein.

Das Landesgesetz, mit welchem der Provinzhaushalt genehmigt wird, kann, was die gemäß dem in den vorhergehenden Absätzen vorgesehenen Verfahren genehmigten Kapitel anbelangt, von der Regierung nur beschränkt auf Fragen der Gesetzmäßigkeit wegen Verletzung der Verfassung oder des Statuts zurückverwiesen oder angefochten werden.

(86) 13. Anfechtung der Verwaltungsakte von lokalen Organen der öffentlichen Verwaltung, die als das Prinzip der Gleichheit im Zusammenhang mit der Zugehörigkeit zu einer ethnischen Gruppe verletzend angesehen werden, vor dem Verwaltungsgerichtshof von seiten der Regional- und Landtagsabgeordneten und, im Fall von Gemeindemaßnahmen, auch der Gemeinderäte der Provinz Bozen, wenn die Verletzung von der Mehrheit der Ratsgruppe, die sich als verletzt betrachtet, festgestellt wurde;

(87) 14. Recht der Sprachgruppe auf eine Vertretung im Gemeindeausschuß, wenn im Gemeinderat mindestens zwei Räte dieser Gruppe sind;

(88) 15. Es wird der Grundsatz festgelegt, wonach die Verwendung der Mittel der Provinz Bozen für Fürsorge, soziale und kulturelle Zwecke nicht nur im unmittelbaren Verhältnis zur zahlenmäßigen Stärke jeder Gruppe, sondern auch im Hinblick auf das Ausmaß der Bedürfnisse der Gruppe selbst zu erfolgen hat;

(89) 16. Ergänzung der Zusammensetzung des Staatsrates durch Zuziehung eines Rates der deutschen Sprachgruppe bei Urteilen zweiter Instanz über Rekurse, die in erster Instanz von der Sektion Bozen des regionalen Verwaltungsgerichtshofes entschieden worden sind;

(90) 17. Zusammensetzung der Sektion Bozen des Verwaltungsgerichtshofes auf der Basis der Parität zwi-

schen Mitgliedern, die vom Staat und die von der Provinz ernannt werden, sowie auf der Basis der Parität zwischen den beiden größten ethnischen Gruppen; Auswahl des Präsidenten aus den Berufsrichtern, die Mitglieder des Kollegiums sind;

(91) 18. Recht der ladinischen Volksgruppe auf Vertretung im Regionalrat, im Landtag von Bozen sowie den Organen der lokalen öffentlichen Körperschaften;

(92) 19. Proportionale Aufnahme von Personen ladinischer Sprache in die öffentlichen Ämter nach den für das deutschsprachige Personal geltenden Grundsätzen, soweit diese anwendbar sind;

(93) 20. Anerkennung des Rechtes der ladinischen Gruppe auf Förderung ihrer Bestrebungen und Tätigkeit auf dem Gebiet der Kultur, der Presse und der Freizeitgestaltung;

(94) 21. a) Anwendung des ethnischen Proporzes, beschränkt auf die in der Provinz Bozen tatsächlich vertretenen Verwaltungszweige und – innerhalb dieser Verwaltungszweige – beschränkt auf die Planstellen.
Bezugnahme für die obgenannten Verwaltungszweige und Planstellen auf die provinziellen Beamtenlisten (die, wo sie noch nicht bestehen, mit entsprechenden Bestimmungen einzurichten sind) sowie auf das gegenwärtige Verhältnis zwischen der italienischen und der deutschen Sprachgruppe in der Provinz (zirka ein Drittel zu zwei Drittel). Beschränkt auf die obgenannten Beamtenlisten, wird für jede Laufbahn und jeden Verwaltungszweig eine Sonderstammrolle für die Provinz Bozen geschaffen, in der zirka zwei Drittel der Posten Angehörigen der deutschen Sprachgruppe vorbehalten sein werden. Die Erreichung dieses Verhältnisses wird schrittweise durch Neuaufnahmen erfolgen, im Zusammenhang mit

frei werdenden Stellen, die sich wie immer in den einzelnen Stammrollen ergeben werden.

(95) b) Garantie der Unversetzbarkeit für die Inhaber von Posten dieser Provinz-Sonderstammrolle unter ausdrücklichem Ausschluß der Beamten jener Verwaltungen oder Laufbahnen, für welche die Versetzungen durch Erfordernisse des Dienstes oder der Ausbildung notwendig sind.
Die Versetzungen von Personal deutscher Sprache werden jedenfalls einen Prozentsatz von 10% aller mit deutschsprachigem Personal besetzten Posten nicht übersteigen. Provinz-Sonderstammrollen werden nicht errichtet für die leitenden Laufbahnen der Zivilverwaltung des Innenministeriums, für die Stammrollen der öffentlichen Sicherheit und für die Verwaltungsämter des Verteidigungsministeriums.
Das Innenministerium wird sich an die politische Richtlinie halten, die Bürger der verschiedenen Sprachgruppen der Provinz, die bei den Ordnungskräften aufgenommen werden, in der Provinz Bozen zu belassen, mit Ausnahme von persönlichen Disziplinarstrafen, die eine Versetzung mit sich bringen.

(96) 22. Die Grundsätze hinsichtlich der Stellenbesetzung und der Garantie der Unversetzbarkeit außerhalb der Provinz Bozen, die zugunsten des in die öffentlichen Ämter einzustellenden Personals deutscher Sprache vorgesehen sind, gelten auch für das Personal der rechtsprechenden und untersuchenden Gerichtsbehörden.

(97) 23. Wenn aus Gründen der öffentlichen Ordnung von der zuständigen staatlichen Behörde Maßnahmen ergriffen werden, die vom Präsidenten des Landesausschusses erteilte Genehmigungen auf dem Gebiet der Polizei oder andere von der Pro-

vinz auf Grund ihrer Kompetenzen getroffene Verfügungen berühren, beschränken oder zeitweilig aufheben, so werden diese Maßnahmen der staatlichen Behörde nach Anhörung des Präsidenten des Landesausschusses ergriffen werden, welcher sein Gutachten innerhalb der in der diesbezüglichen Aufforderung angegebenen Frist abzugeben hat.

III. Maßnahmen, die mit Durchführungsbestimmungen zum Sonderstatut zu treffen sind

A. Abänderung des Dekretes des Präsidenten der Republik vom 3. Jänner 1960, Nr. 103, um:

(98) 1. festzulegen, daß in Fällen von Ergreifung auf frischer Tat das Verhör des Staatsbürgers durch Polizeiorgane in der Muttersprache des Betreffenden durchgeführt wird;

(99) 2. die Möglichkeit vorzusehen, die notariell beglaubigten Schriften auch nur in der deutschen Sprache abzufassen, ausgenommen die Verpflichtung zur Verwendung der beiden Sprachen für jenen Teil des Inhalts, der allenfalls der Grundbucheintragung oder einer anderen Art der Zugänglichmachung für die Öffentlichkeit unterworfen ist.

(100) 3. die Formulierung der Art. 2 und 4, betreffend den Gebrauch der deutschen Sprache bei Mitteilungen, bei der Anfertigung und Übersetzung von Prozeßakten und bei der Ausfertigung der Urteile, abzuändern; Abänderung des Art. 10, um klarzulegen, daß sich der Schutz der Sprache auch auf die Steuergerichtsbarkeit erstreckt; ferner Abänderung der Schlußbestimmung, um festzulegen, daß die Verletzung des gewährleisteten Schutzes der Sprache, abgesehen von der Nichtigkeit der Strafprozeßakte, auch die Nichtigkeit der Zivilprozeßakte nach sich zieht;

B. Erlassung neuer Durchführungsbestimmungen, um festzulegen:

(101) 4. Maßnahmen, die unter Aufrechterhaltung des Grundsatzes der Zweisprachigkeit bei der Aufnahme neuer Elemente in die öffentlichen Ämter geeignet sind, die volle Kenntnis der beiden Sprachen bei dem in der Provinz Bozen dienstleistenden Personal zu fördern;

(102) 5. den Unterricht in deutscher Sprache am Musikkonservatorium in Bozen für die Schüler der deutschen Sprachgruppe; Ergänzung der dort gelehrten Fächer durch andere, die den Traditionen der deutschsprachigen Bevölkerung entsprechen; Anerkennung der ersten drei Kurse des Konservatoriums als reguläre Mittelschulkurse;

(103) 6. Festlegung, daß im Laufe der Gerichtsverfahren die Protokolle, die in der Sprache abgefaßt sind, in welcher die Erklärungen erfolgt sind, dann wenn diese in deutscher Sprache abgegeben wurden, durch die Gerichtsbehörden von Amts wegen am Ende der Verhandlung in die italienische Sprache übersetzt werden. Mit Durchführungsbestimmungen wird bestimmt werden, in welchen Fällen eine solche Übersetzung erforderlich ist und in welchen sie unterbleiben kann.

(104) 7. Ernennung des Handelskammerpräsidenten durch die Provinz, solange nicht diese Bestellung durch Regionalgesetz den verschiedenen interessierten Gruppen mittels Wahl vorbehalten wird;

(105) 8. Stellenreservierung für Personal deutscher Sprache in den Ämtern der INPS (Sozialversicherungsinstitut), INAIL (Unfallversicherungsinstitut), ENPAS (Sozialversicherungsinstitut für Staatsangestellte) und ONMI (Nationales Hilfswerk für Mutter und Kind) in der Provinz Bozen, wobei die gleichen Grundsätze Anwendung finden, die hinsichtlich des ethnischen Proporzes und der Unversetzbarkeit für die Staatsangestellten vorgesehen sind.

IV. Maßnahmen, die mit entsprechenden gesetzlichen Bestimmungen zu treffen sind
106–120

V. Maßnahmen, die mit Verwaltungsverfügungen zu treffen sind
121–128

VI. Maßnahmen, die Gegenstand seitens der Regierung sein werden
129–136

VII. Interne Garantien
137

Der Operationskalender

1. Paraphierung des Vertrages zur Abänderung des Art. 27 lit. a des Europäischen Übereinkommens zur friedlichen Beilegung von Streitigkeiten in den Beziehungen zwischen Österreich und Italien.
2. Abänderung des Art. 18 des Regolamento zum Text der Gesetze über die öffentliche Sicherheit sowie Zuerkennung der Rechtspersönlichkeit an den Südtiroler Kriegsopfer- und Frontkämpferverband und an den Südtiroler Alpenverein.
3. Erklärung des italienischen Ministerpräsidenten vor dem Parlament mit zustimmendem Beschluß.
4. Erklärung des österreichischen Bundeskanzlers vor dem Nationalrat mit zustimmendem Beschluß.
5. Einsetzung des italienischen Vorbereitenden Komitees der Maßnahmen für Südtirol.
6. Mündliche Erklärungen des österreichischen und des italienischen Delegierten vor der Generalversammlung der Vereinten Nationen.
(Zeitlich verschiebbar, je nach dem Termin der Generalversammlung.)

7. Erstes Votum über das italienische Verfassungsgesetz in Kammer und Senat.

8. Unterzeichnung des unter 1. erwähnten Vertrages.

9. Parlamentarische Verabschiedung des unter 1. erwähnten Vertrages und gleichzeitig endgültige Verabschiedung des italienischen Verfassungsgesetzes.

10. Verabschiedung der einfachen italienischen Gesetze.

11. Erlassung der Durchführungsbestimmung zum italienischen Verfassungsgesetz.

12. Publikation des Dekretes betreffend den Übergang der Ämter und des Personals von der Region auf die Provinz entsprechend den neuen Kompetenzen der Provinz.

13. Abgabe der österreichischen Schlußerklärung innerhalb von 50 Tagen nach Erlassung der letzten Durchführungsbestimmungen und Austausch der Ratifikationsurkunden des unter 1. erwähnten Vertrages am Tage vor Ablaufen dieser Frist.
(Der Lauf dieser Frist würde bis zur Veröffentlichung des unter 12. erwähnten Dekrets gehemmt werden, falls das Dekret nicht innerhalb von 30 Tagen ab Erlassung der letzten Durchführungsbestimmung zum Verfassungsgesetz ergangen ist.)

14. Italienische Verbalnote, welche die österreichische Schlußerklärung zur Kenntnis nimmt.

15. Notifizierung der Streitbeendigung an den Generalsekretär der Vereinten Nationen seitens der österreichischen und der italienischen Regierung.

16. Notifizierung des unter 1. erwähnten Vertrages an den Kanzler des Internationalen Gerichtshofes seitens der österreichischen und der italienischen Regierung.

17. Notifizierung des unter 1. erwähnten Vertrages an den Generalsekretär des Europarates seitens der österreichischen und der italienischen Regierung.

18. Allfälliger Abschluß eines österreichisch-italienischen Vertrages betreffend die freundliche Zusammenarbeit.

245 der Beilagen zu den stenographischen Protokollen des Nationalrates XVII. GP, 1988 (AB 619 dB) samt Entschließungsanträgen

Regierungsvorlage
Vertrag betreffend die Abänderung des Art. 27 lit. a des Europäischen Übereinkommens zur friedlichen Beilegung von Streitigkeiten im Verhältnis zwischen Österreich und Italien.

Der Bundespräsident der Republik Österreich und der Präsident der Italienischen Republik haben beschlossen, einen Vertrag über die Abänderung des Art. 27 lit. a des Europäischen Übereinkommens zur friedlichen Beilegung von Streitigkeiten im Verhältnis zwischen Österreich und Italien abzuschließen, und haben zu diesem Zweck zu ihren Bevollmächtigten ernannt:

Der Bundespräsident der Republik Österreich:

Herrn Dr. Rudolf *Kirchschläger,* Bundesminister für Auswärtige Angelegenheiten,

Der Präsident der Italienischen Republik:
Herrn Prof. Aldo *Moro,*
Minister für Auswärtige Angelegenheiten,

die, nachdem sie ihre Vollmachten ausgetauscht und diese ingu-ter und gehöriger Form befunden haben, über folgende Bestimmungen übereingekommen sind.

Artikel I

Die Bestimmungen des Kapitels I des Europäischen Übereinkommens zur friedlichen Beilegung von Streitigkeiten, unterzeichnet in Straßburg am 29. April 1957, sind zwischen Österreich und Italien auf Streitigkeiten betreffend die Auslegung und Anwendung der zwischen den beiden Staaten in Kraft stehenden bilateralen Verträge auch dann anzuwenden, wenn die Streitigkeiten Tatsachen oder Verhältnisse aus der Zeit vor dem Inkrafttreten des obgenannten Übereinkommens zwischen den beiden Staaten betreffen.

Artikel II

Dieser Vertrag bedarf der Ratifikation. Er wird mit dem Austausch der Ratifikationsurkunden in Kraft treten.

Zu Urkund dessen haben die oben genannten Bevollmächtigten den vorstehenden Vertrag unterzeichnet und mit Siegeln versehen.

Geschehen zu Rom am 17. Juli 1971 in zwei Ausfertigungen in deutscher und italienischer Sprache, wobei beide Texte in gleicher Weise authentisch sind.

Für die Republik Österreich:
Kirchschläger m. p.

Für die Italienische Republik:
Moro m. p.

Aus dem stenographischen Protokoll, 66. Sitzung des Nationalrates der Republik Österreich, XVII. Gesetzgebungsperiode, Donnerstag, 9. Juni 1988

Entschließungsantrag
der Abgeordneten Dr. Jankowitsch, Dr. Steiner, Freda Meissner-Blau und Genossen betreffend Maßnahmen zur Sicherung der völkerrechtlichen Verankerung des Südtirol-Pakets.
In Anwendung des zwischen Österreich und Italien vereinbarten »Operationskalenders« genehmigt der Nationalrat den Vertrag betreffend die Abänderung des Artikels 27 lit. a des Europäischen Übereinkommens zur friedlichen Beilegung von Streitigkeiten im Verhältnis zwischen Österreich und Italien.
Nach Auffassung des Nationalrates umfaßt der sachliche und zeitliche Anwendungsbereich dieses sogenannten IGH-Vertrages, den er als einen wesentlichen Bestandteil der völkerrechtlichen Verankerung des Südtirol-Pakets betrachtet, nicht nur das Pariser Abkommen vom 5. September 1946 als solches, sondern auch die sich aus diesem Abkommen ergebende spätere Übung bei seiner Anwendung, die vor allem in dem zwischen Österreich und Italien akkordierten Südtirol-Paket von 1969 besteht. Durch den IGH-Vertrag wird das Paket mit allen in seiner Durchführung im Einvernehmen mit den Vertre-

tern der Südtiroler Bevölkerung erlassenen Normen verstärkt geschützt.
Dazu kommt, daß Österreich und Italien Mitglieder einer Reihe von internationalen Instrumenten, insbesondere der Menschenrechtspakte der Vereinten Nationen, sind, die gleichfalls der Stellung der Südtiroler Bevölkerung zugute kommen.
Die Bundesregierung ist bei Anwendung des IGH-Vertrages zu ersuchen, diese Interpretation als österreichischen Standpunkt zu vertreten und danach auch gegebenenfalls zu handeln.
Durch die parlamentarische Genehmigung des IGH-Vertrages wird ein weiterer Schritt zur Verwirklichung des Südtirol-Pakets gesetzt. Vor Austausch der Ratifikationsurkunden zu diesem Vertrag ist jedoch zu prüfen, ob von italienischer Seite allen Punkten des Pakets Rechnung getragen wurde.
Aus diesen Überlegungen und unter Bedachtnahme auf die Schutzfunktion Österreichs für Südtirol stellen die unterfertigten Abgeordneten nachstehenden Entschließungsantrag:

Der Nationalrat wolle beschließen:

1. Die Bundesregierung wird ersucht, sich die Auffassung des Nationalrates zu eigen zu machen, wonach dem Vertrag betreffend die Abänderung des Artikels 27 lit. a des Europäischen Übereinkommens zur friedlichen Beilegung von Streitigkeiten im Verhältnis zwischen Österreich und Italien als Schutzobjekt unter anderem auch alle im Zuge der Paket-Durchführung erlassenen Maßnahmen, insbesondere Gesetze und Durchführungsbestimmungen, zugrundeliegen.

2. Die Bundesregierung wird darüber hinaus ersucht, vor dem Austausch der Ratifikationsurkunden zu dem oben erwähnten Vertrag die Durchführung des Südtirol-Paketes im Einvernehmen mit den Vertretern Südtirols auf ihre Vollständigkeit zu prüfen und dem Nationalrat über das Ergebnis dieser Prüfung zum ehestmöglichen Zeitpunkt – jedenfalls vor Abgabe der Streitbeendigungserklärung – Bericht zu erstatten.

Entschließungsantrag
der Abgeordneten Dr. Haider, Dr. Stix, Dr. Dillesberger, Haigermoser betreffend die weitere Vorgangsweise der Bundesregierung in der Südtirol-Frage.

Die Bundesregierung hat beantragt, der Regierungsvorlage eines Vertrages, betreffend die Abänderung des Artikels 27 lit. a des Europäischen Übereinkommens zur friedlichen Beilegung von Streitigkeiten im Verhältnis zwischen Österreich und Italien die parlamentarische Zustimmung zu erteilen.
Die Ratifizierung dieses kurz als IGH-Vertrag bezeichneten Vertrages ist in Punkt 9 des im Jahre 1969 zwischen der Republik Österreich und Italien vereinbarten »Operationskalenders« vorgesehen.
Die Bundesregierung vertritt die Auffassung, daß Österreich entsprechend der im »Operationskalender« vereinbarten Vorgangsweise zur parlamentarischen Verabschiedung des erwähnten Vertrages verpflichtet sei.
Demgegenüber vertreten die antragstellenden Abgeordneten die Auffassung, daß die parlamentarische Verabschiedung des IGH-Vertrages zum derzeitigen Zeitpunkt aus den nachfolgenden Gründen nicht erfolgen sollte:

1. Abgesehen davon, daß Italien den anläßlich der Vereinbarungen des Jahres 1969 zur Durchführung des sogenannten »Südtirol-Paketes« vereinbarten Zeitplan (der damalige Bundeskanzler Dr. Klaus sprach vor dem österreichischen Parlament von einem Zeitraum von zirka 4 Jahren) in keiner Weise eingehalten hat, sind sehr wesentliche Bestimmungen des »Südtirol-Paketes« noch immer nicht erfüllt. Demgegenüber hat das italienische Parlament anläßlich der Beschlußfassung über die Regierungserklärung zur Südtirol-Frage am 28. April 1988 in Rom festgestellt, daß die Durchführung des Autonomiestatuts für Trentino-Südtirol und das »Paket« abgeschlossen seien.

2. Entgegen der von der damaligen Bundesregierung im Jahre 1969 vertretenen Rechtsansicht, wonach, abgesehen von den Bestimmungen des sogenannten »Pariser Vertrages«, auch die Erfüllung des »Südtirol-Pakets« durch Italien nach Abschluß des IGH-Vertrages vor dem Internationalen Gerichtshof geltend gemacht werden können, vertritt Italien nach wie vor den Standpunkt, daß es sich beim »Südtirol-Paket« um eine rein inneritalienische Angelegenheit handle, die nicht der Jurisdiktion des IGH unterliege. Um in dieser Frage nach Beilegung des aktuellen Streites zwischen Österreich und Italien nicht einen neu-

erlichen Streit austragen zu müssen, erscheint die Klarstellung der Richtigkeit des österreichischen Rechtsstandpunktes durch eine entsprechende internationale Garantie Italiens notwendig.

3. Letztlich kann sich Österreich auch auf den – formellen – Standpunkt stellen, daß auch nach den Bestimmungen des im Jahre 1969 vereinbarten »Operationskalenders« noch keine Verpflichtung zur parlamentarischen Verabschiedung des IGH-Vertrages besteht. In der Regierungserklärung Rumor vom 3. Dezember 1969, die Bestandteil des Operationskalenders bildet und Wort für Wort bilateral akkordiert worden war (ebenso wie die Regierungserklärung Klaus), hatte sich die italienische Regierung nämlich zur Einbringung der einfachen Staatsgesetze im Parlament binnen Jahresfrist verpflichtet. Der Gesetzentwurf von Maßnahme 111 des »Südtirol-Pakets« betreffend die Abänderung der Wahlkreise für die Senatswahlen ist bis heute nicht eingebracht. Die Maßnahme 112, Übertragung der Zuständigkeit für die Vorbereitung des provinzialen Planes für die Wirtschaftsentwicklung an die Provinz und so weiter, ist nicht als einfaches Staatsgesetz erlassen, sondern ohne Zustimmung von Österreich im Rahmen der Durchführungsbestimmungen geregelt worden. Korrekterweise müßte dies von seiten Roms mit Zustimmung der Südtiroler zumindest der Republik Österreich mitgeteilt werden.

Insbesondere im Hinblick darauf aber, daß das Gesetz gemäß Maßnahme 111 bisher nicht im italienischen Parlament eingebracht wurde, ist Österreich auch – formell gesehen – nicht in Verzug.

Um zumindest die Erfüllung des »Paketes« sicherzustellen, die internationale Verankerung des »Paketes« unstreitig festzustellen und schließlich zur Dokumentation einer von Italien gegenüber Österreich nicht immer anerkannten völkerrechtlichen Situation ist es daher erforderlich, einerseits im derzeitigen Zeitpunkt die Ratifizierung des IGH-Vertrages abzulehnen, andererseits der Bundesregierung Richtlinien für die weitere Vorgangsweise inder Südtirol-Frage zu geben.

Die unterfertigten Abgeordneten stellen daher den nachfolgenden Entschließungsantrag:

Der Nationalrat wolle beschließen:

1. Der Nationalrat beauftragt die Bundesregierung, Verhandlungen mit Italien darüber aufzunehmen, daß zur Sicherung der Durchführung des »Paketes« der unter Punkt 2 des »Operationskalenders« genannte Vertrag zur Abänderung des Artikels 27 lit. a des Europäischen Übereinkommens zur friedlichen Beilegung von Streitigkeiten vom 13. Dezember 1957, BGBI. Nr. 42/1960, in den Beziehungen zwischen Österreich und Italien dahingehend ergänzt werde, daß auch künftige, aus der Durchführung des »Paketes« entstehende Streitigkeiten nach dem Streiterledigungsverfahren des oben zitierten Europäischen Übereinkommens ausgetragen werden.

2. Der Nationalrat beauftragt die Bundesregierung, die Verhandlungen mit Italien hinsichtlich der Verwirklichung des »Paketes«, das im Sinne der Regierungserklärung des damaligen Bundeskanzlers Dr. Klaus vom 15. Dezember 1969 Akte der Erfüllung des Pariser Abkommens darstellt, unverzüglich mit dem Ziel fortzusetzen, die Erfüllung des »Paketes« im Sinne der Erklärung des Bundeskanzlers der Republik Österreich im Nationalrat am 15. Dezember 1969 durch Verwirklichung sämtlicher im »Paket« vorgesehener Maßnahmen sicherzustellen.

3. Der Nationalrat ersucht die Bundesregierung, bei den entsprechenden Verhandlungen klarzustellen, daß nach österreichischer Auffassung, die in der Regierungserklärung des damaligen Bundeskanzlers Dr. Klaus vom 15. Dezember 1969 klargelegt wurde, die wirkliche Erfüllung des Pariser Vertrages nur durch die Gewährung einer substantiellen Regionalautonomie für Südtirol stattfinden kann und es niemals einen Verzicht auf das Selbstbestimmungsrecht der in Südtirol lebenden Minderheiten deutscher und ladinischer Volksgruppenzugehörigkeit in Italien geben kann und daß sich Österreich jederzeit als die Schutzmacht der in Südtirol lebenden deutschsprachigen und ladinischen Minderheiten in Italien sieht.

Die italienische Abgeordnetenkammer hat am 28. April 1988 mit 209 gegen 161 Stimmen nachstehende Resolution beschlossen:
Die Kammer stimmt nach deren Anhörung den Erklärungen der Regierung zu.

Die Kammer erachtet somit die Durchführung des Autonomiestatuts für Trentino-Südtirol und des »Pakets« für abgeschlossen und verpflichtet die Regierung, mit Dringlichkeit die internationalen Verfahrensschritte bei der Regierung der Republik Österreich in die Wege zu leiten, die darauf abzielen, die Abgabe der für die Streitbeendigung notwendigen Erklärung zu erwirken. Die Kammer verpflichtet darüber hinaus die Regierung, umgehend die sich aus den Erklärungen vor der Kammer ergebenden gesetzgeberischen und administrativen Maßnahmen zu ergreifen.

Volkszählungsergebnis 1981

Wohnbevölkerung nach Sprachgruppen laut Volkszählungen von 1880 bis 1981 (a)

JAHRE	Deutsche	Italiener	Ladiner	Andere (b)	Insgesamt
			Absolute Werte		
1880	186087	6884	8822	3513	205306
1890	187100	9369	8954	4862	210285
1900	197822	8916	8907	7149	222794
1910	223913	7339	9429	10770	251451
1921	193271	27048	9910	24506	254735
1961	232717	128271	12594	281	373863
1971	260351	137759	15456	475	414041
1981	279544	123695	17736	9593	430568
			Prozentuale Verteilung		
1880	90,6	3,4	4,3	1,7	100,0
1890	89,0	4,5	4,3	2,3	100,0
1900	88,8	4,0	4,0	3,2	100,0
1910	89,0	2,9	3,8	4,3	100,0
1921	75,9	10,6	3,9	9,6	100,0
1961	62,2	34,3	3,4	0,1	100,0
1971	62,9	33,0	3,7	0,1	100,0
1981	64,9	28,7	4,1	2,2	100,0

(a) Die Zahlen für die Jahre bis einschließlich 1921 beziehen sich auf die anwesende Bevölkerung, jene für die Jahre 1961, 1971 und 1981 auf die Wohnbevölkerung. In den Jahren bis 1961 wurde die Umgangssprache erhoben, in den Jahren 1971 und 1981 die Sprachgruppenzugehörigkeit.

(b) Unter »Andere« fallen in den einzelnen Jahren stets verschieden definierte Personengruppen:

1880: die »Einheimischen« mit einer anderen Umgangssprache und die »Nichteinheimischen«, dasselbe gilt für 1890 und 1900;

1910: die Staatsangehörigen mit einer anderen Umgangssprache und die Nicht-Staatsangehörigen;

1921: die Ausländer;

1961: alle Ansässigen mit einer anderenUmgangssprache;

1971: alle Ansässigen, die sich zu keiner der drei Sprachgruppen zugehörig erklärten;

1981: die ansässigen Inländer ohne gültige Erklärung der Sprachgruppenzugehörigkeit und die ansässigen Ausländer.

Quelle: ISTAT, Österreichisches Statistisches Zentralamt, Auswertung des ASTAT

Literaturbericht

In dem Werk »Südtirol und das Vaterland Österreich« (Wien 1984) habe ich die bis 1984 angefallene Literatur über Südtirol weitgehend registriert und bearbeitet. Auf die allgemeine Bibliographie und auf die nach sachlichen Gesichtspunkten geordnete Bibliographie sei verwiesen. Diese Literaturübersicht findet sich auf den Seiten 393 bis 531 des genannten Werkes. Man erkennt die Flut von Schriften, die sich mit der Südtirolfrage beschäftigt.

Theodor Veiter hat in der Reihe Ethnos 39 eine Fortsetzung seiner Bibliographie zur Südtirolfrage II (1983–1990), 1991, vorgelegt. Diese Bibliographie weist 339 Titel aus. *Veiter* versieht die Aufzählung der Schriften mit willkürlichen Zensuren, die dem Inhalt der Schriften nicht immer Rechnung tragen. Die Veitersche Bibliographie zeigt jedenfalls, daß das literarische Interesse an der Südtirolfrage noch nicht geschwunden ist.

Die Fragen der Südtirolpolitik werden neben den Abhandlungen in selbständigen Arbeiten, juristischen und politologischen sowie kulturellen Zeitschriften, in den Berichten der einschlägigen *Tageszeitungen* italienischer und deutscher Sprache behandelt, wobei vor allem die »Dolomiten« die herausragende Tageszeitung des deutschen Sprachraumes ist, die den Leser mit der Entwicklung der Südtirolfrage auf dem laufenden hält. Nicht zu übersehen sind die *parlamentarischen Materialien* aus den österreichischen, tirolischen, südtirolischen und italienischen Volksvertretungen, die über Fragestunden und Debatten, die sich auch auf Südtirolprobleme beziehen, wortgetreu berichten. Zu diesen Materialien gehört auch der als Beilage III der Stenographischen Protokolle des österreichischen Nationalrates veröffentlichte Außenpolitische Bericht, der die außenpolitische Entwicklung der Südtirolfrage aus dem Gesichtswinkel der österreichischen Diplomatie behandelt.

Die vorliegenden Anmerkungen über Südtirol, die sich im wesentlichen mit der Selbstbestimmungsfrage Südtirols und deren Auswirkungen befassen, bedürfen zu ihrer Vertiefung einiger *bibliographischer Hinweise,* die an Stelle von wissenschaftlichen Anmerkungen gedacht sind. Dabei versucht der Verfasser, wie schon oft, die zeitgeschichtlichen Zusammenhänge der Südtirolfrage auch dokumentarisch immer wieder in Erinnerung zu rufen.

1. Zur *Frage der Selbstbestimmung für Südtirol* sind die grundlegenden modernen Studien über die Selbstbestimmungsfrage zu beachten, die im Schoße der Vereinten Nationen erarbeitet worden sind. Es handelt sich um A. *Cristescus* und *Gros-Espiells* Untersuchung. *Cristescu,* »The Right to Self-Determination. Historical and Current Development on the Basis of United Nations Instruments, New York 1981, Sales Nr. E. 80. XIV. 3« und *Gros-Espiell,* »The Right to Self-Determination of United Nations Resolution, New York 1980, Sales Nr. E. 79 XIV. 5«. *Hector Gros-Espiell* hat sich in einer Sonderstudie mit dem Selbstbestimmungsrecht Südtirols befaßt: »El Derecho del Pueblo del Sud Tirol A la Libre Determinacion en Base Al Derecho Internacional«. Die Studie stammt aus dem Jahre 1986. Die Frage des »guten Selbstbestimmungsfalles«, auf die sich der Autor bezieht, ist bei *Buchheit,* L., »Secession, the Legitimacy of Self-Determination«, 1978, eingehend analysiert.
Die Bezugnahme auf die Selbstbestimmung in Nordirland, auf die sich der Verfasser beruft, ist im Anglo-Irish Agreement (Ireland – United Kingdom: Agreement on Northern Ireland v. 15.11.1985) zu finden.
Der *Komplex der Verweigerung der Selbstbestimmung* für Südtirol im Zuge des Ersten Weltkrieges und der nachfolgenden Friedensverhandlungen ist bis ins Detail in einer texanischen Dissertation von *J. Claude Roberts,* »Austria at the Paris Peace Conference: A Diplomatic History of the Treaty of St. Germain«, 1955, nachgezeichnet. Ich wurde auf diese Dissertation vom österreichischen Kulturattaché in London, Herrn Gesandten *Zundritsch,* dankenswerterweise aufmerksam gemacht.
In diesem Zusammenhang konnte ich auch zusätzlich zu meinen Forschungen, die mit dem Buch »Der unbewältigte Friede, St. Germain und die Folgen«, 1989, zusammenhingen, die kriti-

schen Überlegungen lesen, die *Sigmund Freud* dem amerikanischen Präsidenten Wilson zugedacht hatte und die in dem Buch von *W. Bullit und Sigmund Freud,* »Thomas Woodrow Wilson: A Psychological Study«, 1967, zu finden sind.
2. Was den Abschnitt *»Statt Selbstbestimmung Autonomie im italienischen Staatsverband«* angeht, so ist noch einmal auf den Zusammenbruch des österreichisch-ungarischen Reiches und seiner Armee zu verweisen, der dokumentarisch in dem vom österreichischen Bundesministerium für Landesverteidigung und vom Kriegsarchiv unter der Leitung *Edmund Glaise-Horstenaus* und *Rudolf Kiszlings* herausgegebenen Dokumentarwerk, hier VII. Bd., »Österreich-Ungarns letzter Krieg 1914–1918: Das Kriegsjahr 1918«, 1938, packend nachgezeichnet wird.
Die faschistische Ära, unter die Südtirol nach der Annexion durch Italien geraten ist, wird in den großen Geschichtswerken über Tirol, neuerdings im Bd. 3 der Geschichte des Landes Tirol, *Josef Fontana,* »Vom Neubau bis zum Untergang der Habsburgermonarchie (1848–1918)«, 1987, und im Bd. IV/1, »Die Zeit von 1918 bis 1970« von *Othmar Parteli,* 1988, nachgezeichnet und gestaltet. Von Fontana herausgegeben ist die eindrucksvolle Untersuchung *Heinrichers* unter dem Pseudonym *Walter Freiberg,* »Südtirol und der italienische Nationalismus«, 1989, der die Entwicklung bis zur Option 1939/43 erfaßt.
In italienischer Sprache analysiert der Tiroler Historiker *R. Schober* die Südtirolpolitik nach 1919 mit umfassenden literarischen Nachweisen, in: »La questione sudtirolese come problema bilaterale nei rapporti austro-italiani nel primo dopoguerra«, im Bd. I des vom Abgeordnetenhaus in Rom herausgegebenen Werkes »Commissione parlamentare d'inchiesta sulle terre liberate e redente«, Archivio storico, 1991.
Als Schriften über den *Pariser Vertrag und die Autonomie Südtirols* seien vor allem hervorgehoben: *R. Steininger,* »Los von Rom? Die Südtirolfrage 1945/46 und das Gruber-De Gasperi-Abkommen«, 1987; *Golowitsch/Fierlinger,* »Kapitulation in Paris. Ursachen und Hintergründe des Pariser Vertrags«, 1976, Schriftenreihe zur Zeitgeschichte Tirols, Bd. 7, 1989. Meine vollständige Veröffentlichung des Berichtes der Südtiroler Delegation auf der Pariser Konferenz 1946, in »Geheimbericht der Südtiroler Delegation zur Pariser Konferenz 1946«, 1986.
Neuerdings konzentriert sich der Innsbrucker Lehrstuhl für Völ-

kerrecht und internationale Beziehungen auf die Südtirolfrage. Der Lehrstuhlinhaber *W. Hummer* verfaßte den Aufsatz »Zum Rechtscharakter des Gruber-De Gasperi-Abkommens 1946«. Völkerrechtlicher Vertrag, einseitige Verpflichtungserklärung oder bloßes »gentlemen's agreement«, in: Südtirol und der Pariser Vertrag, 1988, S. 137 ff.

Die *autonome Provinz Bozen-Südtirol* gibt laufend Informationsschriften heraus. Sie befassen sich auch mit der Autonomie. Zu nennen sind vor allem: »Das neue Autonomiestatut«, 1984, Sonderdruck; zur Informationsschrift gehört auch die vierte Auflage des »Südtirolhandbuches«, 1984, und neuerdings (1990) die Schrift »Südtirols Autonomie 1990, Beschreibung der autonomen Gesetzgebungs- und Verwaltungszuständigkeiten des Landes Südtirol« (Texte von *L. Bonell* und *I. Winkler*; die darin enthaltenen Literaturhinweise sind als kümmerlich zu bezeichnen!).

3. Die *Autonomie Südtirols ist nicht ohne Widerhaken.* Mit der Autonomierealität befassen sich viele kritische Schriften. Diese betreffen auch die noch immer in Schwebe gehaltene sogenannte Streitbeendigungserklärung und den von Österreich noch immer nicht ratifizierten IGH-Vertrag. Der Verfasser berichtet im ÖJbfPol, 1981, über den Stand der Südtirolfrage im Jahre 1981, im gleichen Jahrbuch von 1989 über die Streitbeendigungserklärung, *Zeller* im gleichen Jahrbuch für 1990, ob ein Abschluß der Durchführung des Südtirol-Paketes in Sicht sei (S. 631 ff.).

Der Verein für Kultur und Bildung Südtirol läßt die prominenten Südtiroler Politiker *A. Benedikter* und *Luis Zingerle* die Feststellung treffen: »Paketabschluß so nicht!« Die Union für Südtirol gibt die Propagandaschrift heraus »SVP und Österreich verzichten auf Selbstbestimmung und Autonomie«, 1990, eine Schrift, die bedeutendes Faktenmaterial zur italienischen Autonomiepraxis enthält.

Ich analysiere die Frage der Streitbeendigungserklärung im JbfPol 1989, S. 155 ff., »Vor der Streitbeendigungserklärung? Analyse aktueller Entwicklungen der österreichischen Südtirolpolitik«, 1989, S. 155 ff.

Die *kritischen Autonomie- und Paketanalysen* mehren sich. Zu nennen ist: das von Professor *Hummer* und *Karl Zeller* als Mitglieder des Innsbrucker Instituts für Völkerrecht und Internatio-

nale Beziehungen der Universität Innsbruck im Auftrag der Südtiroler Landesregierung erstellte Gutachten »Völkerrechtliche und europarechtliche Probleme der Südtirolautonomie« – ein Text von fast 700 Seiten (unveröffentlicht). Aus diesem Text entspringt ein Aufsatz zum Thema: *W. Hummer/K. Zeller,* Der Abschluß der Durchführung des »Südtirol-Pakets«. Chronologie und aktuelle Probleme, in: Österreichisches Jahrbuch für Internationale Politik, 1988, S. 57 ff.
Das Amerikanische Institut »The Procedural Aspects of International Law Institute« lieferte im Jahre 1988 das Gutachten: »Implementation of the 1946 Paris Agreement between Italy and Austria and the 1969 ›Package‹ concerning autonomy on the South Tyrol« (112 Seiten). In diesem Zusammenhang sei auf *H. Hannum/R.B. Lillich,* The concept of autonomy in international law, in: American Journal of International Law, 74 (1980), S. 858 ff. verwiesen.
Zwei bedeutende *Spezialuntersuchungen* vom Südtiroler *K. Zeller,* einem früheren Mitarbeiter am Innsbrucker Institut für Völkerrecht und internationale Beziehungen, befassen sich mit zwei Problemen, die wichtige Details der Südtiroldiskussion betreffen: das Problem der völkerrechtlichen Verankerung des Südtirol-Pakets und die Zuständigkeit des Internationalen Gerichtshofs, Ethnos 34, 1989 (siehe meine Buchbesprechung in FAZ v. 10.3.1990, Nr. 59, S. 9) und die von einem Gutachten im Auftrag der Südtiroler Volkspartei herrührende Studie »Volkszählung und Sprachgruppenzugehörigkeit in Südtirol. Völker-, verfassungs- und europarechtliche Aspekte.«, 1991. Dazu sei auch *D. Lukesch* und *P. Tschurtschenthaler,* »Demographische Analysen und Prognosen«, 1990, genannt. Zur *Toponomastik* hat *E. Kühebacher* die Beiträge der Toponomastik in Bozen unter »Amtlicher Gebrauch des geographischen Namensgutes«, 1986, herausgegeben.
4. Was die *regionalistischen Aspekte des Südtirolproblems* angeht, so sei – obwohl in allen früheren Werken schon zitiert – auf die Schrift *Nicolò Carandinis* verwiesen, »The Alto Adige, An experiment in the devaluation of frontiers«, aus »Il Mondo«, 1958. Rahmensteckend ist *Esterbauers* »Europäischer Regionalismus – ein Wendepunkt, Bilanz und Ausblick«, Schriftenreihe des Instituts für Föderalismusforschung, Bd. 49, 1991. Das von der autonomen Region herausgegebene Sammelwerk »40 Jahre Accor-

dino, Sonderabkommen Trentino-Südtirol, Tirol und Vorarlberg«, 1989. *Andreas Chiti-Patelli,* »Europäische Integration und Befugnisse der Regionen, 1981. *P. Pernthaler,* »Föderalismus und Regionalismus: Ein Ansatz zur Überwindung ihrer Gegensätze«, in FS für Viktoria Stadlmayer, 1989, S. 159 ff., und *W. Hummer,* »La cooperazione economica nelle zone di confine«, in: Andrea de Guttry/Natalino Ronzitti, I rapporti di vicinato tra Italia e Austria, 1987, S. 111 ff., befassen sich mit Regionalismusfragen. Schließlich sei im Hinblick auf den Abschied *Silvius Magnagos* von der aktiven Politik auf die Biographie verwiesen, die seinen Lebensweg würdigt; neben unübersehbaren Elogen in deutschsprachigen Blättern, ist das Büchlein *Hans Benedikters,* »Silvius Magnago. Ein Leben für Südtirol«, das im Jahre 1983 den Südtiroler Staatsmann würdigt, zu nennen.

Personenregister

Efalin, 248 Seiten, ISBN 3-85002-292-7

Josef Spetko

Die Slowakei

Heimat der Völker